NOTICE BIOGRAPHIQUE

SUR

ELISABETH DE RANFAING

FONDATRICE

DE LA MAISON DU REFUGE DE NANCY

PAR

M. l'Abbé GRANDEMANGE
Aumônier de la maison de Secours

NANCY
IMPRIMERIE CATHOLIQUE DE René VAGNER
RUE DU MANÉGE, 3

1883.

NOTICE BIOGRAPHIQUE

SUR

ELISABETH DE RANFAING

FONDATRICE

DE LA MAISON DU REFUGE DE NANCY

PAR

M. l'Abbé GRANDEMANGE

Aumônier de la maison de Secours

NANCY

IMPRIMERIE CATHOLIQUE DE RENÉ VAGNER

RUE DU MANÉGE, 3

1883.

ELISABETH DE RANFAING.

Lorsque saint Paul a dit : Votre foi est annoncée dans le monde entier, il a fait un éloge et une prophétie : l'éloge s'applique à ses contemporains qui ont illustré l'Eglise de Dieu : la prophétie regarde les temps à venir, le nôtre par conséquent. L'Eglise, en effet, malgré les attaques et le dire des méchants, n'a rien perdu, ni de sa vigueur, ni de sa fécondité ; et après dix-huit siècles de combats, elle peut se flatter encore de posséder, et cela dans toutes les conditions, une multitude d'enfants, qui rivalisent de ferveur et de sainteté avec ceux des premiers âges du Christianisme.

Ces âmes, grandes, généreuses, le monde ne les connaît pas toujours, parce qu'il est souvent indigne de les connaître, et que du reste, elles se soucient peu d'être connues de lui : ces âmes cependant, soit par la sincérité de leur foi, soit par la perfection de leurs vertus, ne cessent de perpétuer dans l'Eglise la pratique de tout ce qui est grand et bien, et toujours, elles seront le témoignage visible de la sainteté parfaite, de la vie vraiment chrétienne.

De ce nombre, fut une femme, on pourrait, on devrait dire une sainte, qui n'est presque pas connue : cependant, vu ce qu'elle a été, ce qu'elle a fait, elle serait digne de l'être ; elle n'est pas née à Nancy, mais elle y est venue ; elle y a vécu, elle y a fait un bien immense, elle y a laissé une Œuvre qui dure encore, bien qu'elle ait passé à d'autres mains ; nous voulons parler de la vénérable Mère Marie-Elisabeth de la Croix de Jésus ; nous voulons parler de l'Œuvre qu'elle a établie sous le nom de Maison du refuge (1). Depuis 1804, cette Maison s'appelle Maison de Secours, hospice départemental, et la direction en est confiée, au dévouement, à la sagesse des excellentes Sœurs de Saint-Charles de Nancy.

(1) Actuellement cette Maison est circonscrite par quatre rues bien connues : au nord se trouve la rue Charles III ; à l'est la rue des Quatre-Eglises ; c'est là qu'on a établi l'entrée principale ; au sud, la rue de la Salpétrière ; à l'ouest enfin la rue des Ponts. De ce côté, il y a une grande porte de service, qui sert quelquefois à l'entrée des malades les plus impotents. Le Conseil général de Meurthe-et-Moselle qui en a la haute surveillance, la modifie, l'embellit chaque année, et dans la mesure du possible, il l'approprie aux besoins que lui impose son importante et antique destination.

CHAPITRE PREMIER.

PREMIÈRES ANNÉES D'ÉLISABETH DE RANFAING.

La Mère Elisabeth naquit à Remiremont le 30 octobre 1592; elle eut pour père un gentilhomme, Jean-Léonard de Ranfaing, et pour mère, dame Claude de Magnières, tous deux issus de familles nobles et anciennes du pays de Lorraine. Sa mère comprit immédiatement la grandeur de sa mission, l'importance de son devoir; elle voulut elle-même nourrir son enfant et lui donner tous les soins que réclamait sa première éducation; mais sa force ne fut pas à la hauteur de son zèle; un mal violent, subit, la saisit, et bon gré malgré, elle dut confier Elisabeth à des mains étrangères. Cette fonction, on pourrait dire cet honneur, échut à Madame Marguerite de Ludres, doyenne du fameux Chapitre de Remiremont. Mais la mort priva bientôt la jeune enfant de sa puissante protectrice; et Madame de Ranfaing, revenue un peu à la santé, reprit avec bonheur, le travail qu'elle avait quitté avec tant de regrets; elle ne négligea rien, elle s'occupa de tout; le corps, l'esprit, le cœur furent traités avec une égale sollicitude. Aussi, eut-elle un succès achevé, car si l'on veut en croire les personnes qui ont eu l'avantage de la connaître, sa fille fut le modèle de la perfection chrétienne. La nature, dit un vieux biographe d'Elisabeth, l'avait admirablement douée : à peine sortie de l'enfance, elle avait une taille des plus avantageuses, des gestes faciles, un maintien correct ; cette beauté native était relevée par une modestie charmante, qui loin de l'amoindrir en rehaussait l'éclat. Son esprit était solide, capable d'aborder les plus hautes questions ; et de bonne heure, on put deviner, ce que l'expérience du reste prouva plus tard, qu'elle serait un prodige de lumières et de bon sens.

Ces grandes qualités de corps et d'esprit étaient encore dépassées par celles du cœur. « Son cœur, dit son biographe (1), était généreux, tendre, libéral, reconnaissant, sensible au moindre plaisir qu'on lui faisait, au-dessus des disgrâces les plus accablantes et les plus inopinées, incapable de se rebuter devant les plus grands obstacles, surtout, lorsqu'il était question des intérêts et de la gloire de Dieu. Mais la vertu qui brillait avant tout en elle, c'était une simplicité parfaite, une droiture si éloignée des détours et des déguisements que sa parole seule valait les serments les plus solennels. »

En présence de si belles, de si grandes vertus, le prince des ténèbres fut comme troublé, il semblait prévoir, déjà, les brèches qu'elle devait faire, dans la suite, à son détestable empire. Aussi, ne négligea-t-il rien pour conjurer sa perte. Elle avait à peine cinq ou six ans, elle était dans sa chambre et au lit, soudain, il lui apparaît, à l'aube du jour, dit-elle, du côté de la fenêtre et sous la forme d'un monstre hideux : à cette vue, elle est saisie de frayeur, elle pousse un cri, un grand cri, un cri si fort que son père accourt incontinent : il la prend dans ses bras, il lui parle, il la caresse, mais il a beau faire et beau dire, il ne peut la rassurer qu'en la portant dans sa chambre qu'il occupait. Une autre fois, elle venait alors d'atteindre sa dixième année, elle jouait à côté de la maison paternelle avec quelques jeunes filles de son âge ; le tertre sur lequel elles prenaient leurs ébats avait dix à douze pieds d'élévation ; soudain, et à la stupeur de ses compagnes, une force invisible la saisit, l'entraîne et la jette dans le précipice.

(1) Le P. Frizon.

Les attaques innombrables que l'esprit malin dirigea contre elle dans la suite ont fait croire à son influence dans le cas présent. Mais si le démon n'a cessé de l'attaquer partout, de la tourmenter de mille façons, son bon ange a veillé sur elle avec une assiduité constante, et cette protection divine, après des luttes toujours affreuses, parfois incroyables, lui a ménagé enfin l'honneur et la joie du triomphe. Mais laissons de côté, pour le moment, ces luttes avec les puissances de l'enfer, sauf à y revenir plus tard et à en faire connaître quelques unes. Suivons avec attention, avec intérêt, le travail de Dieu dans cette belle âme. Madame de Ludres avait commencé son éducation; une Dame hospitalière de Saint-François l'avait continuée; sa propre mère ne voulut pas confier à d'autres le soin de la terminer : en tout cela, l'esprit de Dieu ne la quitta jamais.

Il lui inspira, d'abord, l'amour de la retraite, l'amour de la mortification. Ayant lu beaucoup la vie des Pères du désert, elle avait conçu un vif désir de les imiter; l'occasion de le faire se présenta bientôt; un jour, étant à la promenade avec ses compagnes, à l'endroit qu'on appelle le Saint-Mont (c'était non loin de la ville, un lieu de dévotion, aux environs duquel étaient d'épaisses forêts et des grottes taillées dans le roc) elle trouve l'endroit propice à son dessein, elle s'écarte adroitement de celles qui se livrent aux plaisirs innocents de la jeunesse, et entre seule dans le bois; mais, à peine a-t-elle fait quelques pas, qu'elle entend à coté d'elle un bruit affreux; immédiatement la peur la saisit, la terrifie et lui enlève à tout jamais le désir de vivre à la façon des anachorètes.

Elle aimait vivement Notre-Seigneur Jésus-Christ; mais comme on ne peut l'aimer réellement, efficacement, sans aimer la croix, elle avait une prédilection spéciale pour la souffrance. Volontiers, comme sainte Thérèse, elle eût donné sa vie pour lui. Toute jeune, elle traitait son corps avec une rigueur inconcevable; trois fois par jour, elle prenait la discipline avec des chaînes de fer. Quelquefois, elle cousait ensemble des ceintures de cilice, en forme de croix de saint André; elle se les appliquait sur la poitrine, sur les épaules ; puis serrant ses habits avec violence, elle se causait ainsi les plus vives douleurs. Tant de mortifications, un genre de vie si dur, si austère, devait certainement amoindrir ses forces, et même abréger ses jours ; mais sa mère est là, elle suit pas à pas la conduite de sa fille, elle ne la laissera tomber dans aucune exagération indigne d'une personne qui vit et qui doit vivre dans le monde. On patiente donc, mais en attendant, on ne néglige rien, on met tout en œuvre pour la détourner de la vie religieuse à laquelle la Providence semblait l'appeler. Puis à un moment donné, sans prendre son avis, à une époque fixée dans les conseils de la famille, contre ses goûts, et malgré ses répugnances, on lui propose le mariage ; elle venait d'avoir quinze ans, et celui qu'on lui destine, celui qui sera son mari ou plutôt son bourreau, en a 57. C'était le sieur François Dubois, capitaine et prévôt d'Arches qui venait de perdre la première compagne de sa vie.

Une telle résolution fut pénible au cœur de la jeune fille ; mais sans proférer ni plainte, ni murmure, avec la naïveté d'une enfant respectueuse et candide, elle a recours à Celle qu'on n'invoque jamais en vain, à sa grande protectrice, à sa bonne mère la Vierge Marie. « Toute puissante mère de Dieu, dit-elle, vous voyez la violence que l'on me fait et les obstacles que l'on met à la résolution sainte que vous m'avez inspirée de vous servir toujours dans l'état de virginité ; on veut, malgré moi, que j'entre dans un état qui me fait horreur, aidez-moi. » Cette prière était ardente, et il est probable que la Mère de miséricorde l'eut exaucée, si Dieu n'avait eu de grands desseins sur sa servante, car on ne l'ignore pas, les grandes missions sont souvent préparées par des épreuves cruelles. Elisabeth sans doute, comptait parmi les âmes destinées à travailler dans le champ divin. Voilà pourquoi, avant de l'y convier, Dieu l'éprouva et la fit passer par le creuset de l'infortune et de la tribulation ; ainsi on lui propose le mariage, et cette condition lui répugne, mais elle a pour son père, pour sa mère, un respect si profond, qu'elle n'ose leur opposer un refus catégorique et définitif; elle demande humblement, avant de se décider, quelques jours de réflexion et de répit; devant une attitude si sage, si loyale, sa mère qui jusqu'alors l'avait entourée d'une tendresse vraiment chrétienne, aurait dû être heureuse et bénir le ciel. Du tout; elle traite avec hauteur sa fille et lui dit avec un égoïsme plein de dureté : « A l'heure qu'il est, il ne s'agit pas de délibérer; à nous de commander, à vous d'obéir; notre choix est fait; le gentilhomme est riche et pourvu d'une charge considérable; il est veuf, d'un âge avancé, par conséquent vous ne tarderez pas à devenir son héritière. » Au premier aspect, ces paroles semblent singulières, bizarres, surtout dans la bouche d'une mère. Cependant, comme on peut les entendre encore, même de nos jours, nous devons dire, nous devons répéter qu'elles ont toujours été, et qu'elles seront toujours contraires à l'esprit de l'Evangile. En effet, d'après l'enseignement de la foi, les enfants doivent à leurs parents obéissance et respect; mais les parents, de leur côté, surtout dans des circonstances comme celles-ci, doivent, tout en dirigeant leurs enfants, leur laisser une grande liberté d'action. Elisabeth, elle, ne connaît pas son droit, elle ne voit que son devoir, elle est tout en Dieu; dans ses parents, elle reconnaît un reflet de l'autorité divine, en suivant leur avis elle croit suivre l'ordre de Dieu lui-même : nous allons voir comment la grâce va l'assister et la soutenir dans cette condition nouvelle où on l'engage contre sa volonté.

CHAPITRE DEUXIÈME.

ÉLISABETH DE RANFAING DANS L'ÉTAT DU MARIAGE.

En épousant le sieur Dubois, Mademoiselle de Ranfaing avait, avant tout, fait acte d'obéissance. L'obéissance est une grande, une belle vertu sans doute, elle mérite les récompenses du ciel; mais elle n'est pas toujours apte à procurer les joies de la terre, surtout dans le mariage : car la première condition de la félicité dans la vie conjugale, c'est l'affection, le respect, l'estime réciproque des deux conjoints. Le respect, l'estime s'acquièrent encore, mais l'affection ne s'obtient pas si facilement et de la même manière. Elisabeth ne l'ayant pas désire l'obtenir, elle s'adresse donc à Celui qui commande en maître aux éléments, et qui se fait obéir, quand bon lui semble, des cœurs les plus ingrats, des esprits les plus rebelles. Un jour, elle ressentait pour son mari une aversion plus forte que de coutume ; afin de la faire disparaître, de l'éloigner au plus tôt, elle court à son oratoire ; et là, au pied de son crucifix, les yeux pleins de larmes, elle adresse à Dieu une courte mais ardente prière. On reconnaît, ici, la femme du devoir, du devoir avant tout. Ses parents l'ont engagée dans une vocation, qui n'est pas de son goût, elle y vit contre son gré, elle demande au Ciel le courage et la force de satisfaire à toutes les obligations que cette condition lui impose.

« C'est vous, dit-elle, Seigneur, c'est vous qui me l'avez donné, c'est à vous de me le faire aimer ; c'est votre adorable Providence qui m'a attachée à lui, malgré la répugnance que j'y avais ; voudriez-vous permettre que j'en fusse séparée d'affection et de cœur....? Non, vous ne le permettrez pas !... Vous ferez tomber, par votre main toute-puissante, le mur de division qui m'empêche de m'unir à lui, comme je le dois, par un amour sincère. C'est ce que je vous demande très humblement, par l'intercession de votre divine mère qui aima si cordialement son saint époux, et je vous le dis en toute sincérité, je ne cesserai, d'être prosternée à vos pieds, que vous ne m'ayez accordé la grâce d'aimer le mien. » Cette prière était trop fervente, elle était trop juste pour ne pas être exaucée, elle le fut à l'instant, et d'une manière si admirable, qu'après l'avoir faite, la noble épouse se croyait en possession d'un cœur nouveau ; elle n'avait plus pour Monsieur Dubois ni aversion, ni éloignement. Elle l'aimait en Dieu et pour Dieu ; son dévouement fut à la hauteur de son amour, et elle le montra bien, lorsqu'un mal affreux le cloua pendant longtemps sur un lit de douleur ; elle était là, à son chevet, occupée à le servir de ses mains délicates, à lui rendre tous les devoirs les plus pénibles, les plus rebutants. On dit, l'amour appelle l'amour, comme l'aimant attire le fer, comme l'abîme attire le malheureux qui veut le pénétrer de son regard indiscret : Elisabeth sacrifie à cet homme son repos, son temps, ses veilles, elle lui donne sans cesse des marques de l'affection la plus tendre, du plus sublime dévouement ; et lui, au moins, va-t-il la payer de retour ? Lui, l'ingrat ! il ne sait que l'abreuver de chagrin, que la torturer de mille façons diverses ; il n'a pour elle que des paroles dures, des paroles de mépris et d'insulte ; pour des futilités, même sans motif, il expose aux plus grands périls sa santé, sa vie. Ainsi, un jour, il lui prend fantaisie de la faire voyager, de la conduire de Remiremont à Arches, c'était à l'époque de la mauvaise saison, pendant l'hiver ; une pluie glacée tombait à torrents, les chemins couverts d'eau, de boue étaient à peine praticables ; mais, le maître a parlé, la pauvre épouse n'a qu'à obéir. Il lui donne à monter une bête malingre, chétive ; elle l'accepte et se met en marche ; pendant une partie du trajet, elle le suit tant bien que mal, mais à distance et en faisant les plus pénibles efforts. Un ruisseau survient, il faut le franchir, Dieu sait au prix de quels dangers, car ses eaux gonflées par les pluies, par la fonte des neiges coulent avec violence et se répandent au loin sur ses rives.

Monsieur Dubois entre le premier, comme il a un cheval vigoureux, il fait sans peine la traversée. Elisabeth le suit d'abord de son mieux, mais, comme elle n'a qu'une monture faible et sans valeur, elle ne résiste pas aux flots qui l'entraînent, qui l'emportent au loin. En présence du péril qui menace sa femme, que fait le mari ? Il reste à bord, courroucé, plein d'aigreur ; loin de lui venir en aide, il n'y a pas d'injures qu'il ne vomisse contre elle ; il crie en gesticulant, qu'il est bien malheureux, d'avoir pour femme une telle créature qui ne lui a jamais causé que déboire et ennui. Entraînée par le courant, Elisabeth paraît et disparaît tour à tour, et son mari refuse de lui tendre la main, mais la Providence veille sur sa fille de prédilection ; soudain, un étranger se présente, se jette au milieu des flots, saisit Elisabeth, l'arrache à la mort même au péril de sa vie. Ramenée à bord, comment M. Dubois va-t-il la recevoir ? Plus dur que le rocher, et comme s'il avait eu chagrin de la trouver en vie, il la gronde, il la malmène ; puis, sans lui donner un moment de répit pour sécher ses vêtements et ranimer ses membres glacés, il la contraint à remonter à cheval immédiatement et à subir un voyage qui ne doit pas durer moins de trois heures. Comme reproche d'une conduite si lâche, si indigne, la sainte et noble femme se contente d'élever les yeux au ciel, d'offrir ses peines au Christ qui a tant souffert, et lui demande d'être obéissante, comme lui, s'il le faut, jusqu'à la mort.

Le sauveur d'Elisabeth, cependant, ne s'en tint pas là, il avertit ses parents qui firent à qui de droit les plus vifs reproches, mais ce cœur de bronze resta insensible, il n'en devint que plus méchant, plus haineux ; mieux que cela, il devint jaloux, et Dieu sait où la jalousie peut entraîner un cœur qui n'a jamais su maîtriser ses caprices. Etant sous l'empire de cette passion insensée, désormais il ne laisse plus à la malheureuse aucune liberté ; il aposte des gens, qui doivent la suivre partout, l'épier dans ses moindres actions ; mais, comme sa conduite est à l'abri de tout reproche, que ceux qui l'entourent, sont unanimes à le proclamer, lui s'imagine qu'on la soutient, qu'on la flatte et qu'on le trompe, il ne la quitte plus, il la suit ou plutôt se fait suivre d'elle, à la ville, à la campagne, n'importe où ses goûts frivoles, capricieux peuvent l'emporter. La maison de Dieu elle-même lui est interdite ; elle ne peut s'y rendre sans une permission expresse de celui qui est devenu son maître, son bourreau ; parler à quelqu'un, chez elle ou ailleurs, eut été une faute impardonnable, un crime. Ses parents eux-mêmes n'osaient lui témoigner le moindre égard, lui donner la plus petite marque d'affection. Une telle situation, on le conçoit, ne pouvait durer : mais comment y porter remède ? toute force humaine dut s'avouer impuissante devant cette âme arrogante et jalouse. Aux preuves les plus manifestes de dévouement et d'estime, il ne répondait que par l'outrage et l'injure.

Un tel exemple donné par le maître devait avoir une influence funeste sur les serviteurs. Ils étaient convaincus de l'innocence d'Elisabeth ; mais la crainte, le désir de plaire à un homme aussi violent, aussi emporté, les rendaient méchants, injustes et grossiers. Il y avait surtout à la maison une personne dont la haine et l'acharnement dépassaient toute limite. C'était une fille que M. Dubois avait eue de son premier mariage : celle-ci était tout à fait le portrait de son père ; d'un caractère jaloux, d'une humeur farouche, elle ne pouvait supporter à côté d'elle, tant et de si nobles vertus ;

Elisabeth la gênait; elle forma donc le projet de s'en débarrasser et de la faire mourir par le poison : le temps ne tarda pas à lui fournir le moyen d'exécuter son funeste dessein. Un jour Monsieur Dubois se décida à faire un voyage, sa femme dût l'accompagner. Le maître a parlé, il a pris son jour et son heure, on se prépare, on dispose tout à la hâte, déjà les chevaux sont là; il n'y a plus qu'à se mettre en selle. Par un prodige de méchanceté et d'hypocrisie, la fille Dubois prétexte la grande délicatesse de celle qui la traite comme une mère, et afin de lui donner plus de force pour supporter les fatigues de la route, elle lui apporte une tasse de bouillon. Elisabeth n'éprouve le besoin ni de boire, ni de manger, cependant par politesse, elle accepte ce qu'on lui présente; déjà, elle portait la coupe à ses lèvres, mais une voix intérieure, un sentiment instinctif lui dit que le breuvage est empoisonné. Elle hésite, elle refuse. M. Dubois se fâche, s'emporte, il ordonne... elle obéit, prend la boisson fatale et se met en route. Après une demi-heure de chemin, le poison se fait sentir; des douleurs affreuses d'entrailles la torturent, elle tombe de défaillance. Devant un tel spectacle, que fait le mari? va-t-il être touché de commisération et secourir sa femme? Lui... il devient furieux, il la menace, il lui reproche avec brutalité son extrême délicatesse; et la pauvre malade, plus affligée d'un tel emportement que de la douleur qui la tourmente, se lève et s'efforce de continuer la route. On arrive à Arches; les souffrances loin de diminuer, redoublent; des convulsions affreuses surviennent... A tout prix, il faut prendre du repos... Hélas ! il ne fut pas long. Des amis de la famille sans doute, invitent le mari à dîner, celui-ci accepte l'invitation et oblige sa femme à l'accompagner. Mme Dubois se soumet, il le fallait bien; mais à peine le repas est-il commencé, que le feu qui la dévore à l'intérieur devient plus ardent; bientôt un changement affreux, navrant, se produit en elle, son visage pâlit, ses yeux injectés de sang roulent d'une manière affreuse dans leur orbite. Bientôt même, son corps tout à l'heure brûlé par la fièvre, se raidit, il devient froid, comme glacé par la mort... En présence de symptômes aussi alarmants, M. Dubois n'y tient pas, et malgré sa dureté, sa froideur, il est tout changé, tout ému. Comme il arrive, tous les jours, qu'on n'apprécie bien une chose, que lorsqu'on est sur le point de la perdre, lui qui n'avait pour sa femme, que rigueur et mépris, prend une attitude toute nouvelle ; il éclate en sanglots, il fond en larmes, il s'arrache les cheveux. Ce spectacle touche profondément la noble et pieuse femme ; et frappée d'une si vive douleur, elle s'adresse à Dieu qui a toujours été son appui, sa force, et elle lui demande de vivre, de vivre ne fut-ce que quelques jours, pour celui à qui elle peut faire encore du bien. Sa prière courte mais fervente est exaucée : un vomissement instantané, subit l'arrache aux étreintes de la mort. Mais de quoi n'est pas capable un homme bizarre, dont le cœur est le jouet de toutes les passions ; qui ne garde nulle mesure ; qui passe subitement d'une extrémité à l'autre, de la tendresse la plus ardente à la tyrannie la plus effrénée ? Mme Dubois est à peine revenue à elle, elle a à peine repris ses sens, que son mari, avec un raffinement de cruauté, on pourrait dire de folie, l'oblige à remonter à cheval et à regagner la ville au milieu de périls sans nombre. Une conduite si étrange fut vivement critiquée à Remiremont. Il n'y avait partout qu'une voix pour déplorer le sort d'une femme si noble, si parfaite et en même temps si malheureuse ; on parlait hautement contre un homme dur, ingrat qui n'avait aucun égard pour celle de qui cependant dépendait l'honneur, la gloire de sa maison. Mme Dubois, du reste, avec ses enfants, fut dit-on exposée vingt fois à mourir du poison ; mais chaque fois, le Tout-Puissant vint à son aide et anéantit les efforts des misérables qui attentaient à ses jours.

Elisabeth avait demandé à Dieu la grâce de vivre. C'est vrai ; elle sollicita et obtint cette faveur, mais pour faire du bien et non par crainte de la mort : car ce qu'elle appréhendait par-dessus tout, plus que les mauvais traitements, plus que le poison, plus que la mort, c'était d'offenser Dieu, de commettre le péché ; elle en avait une crainte si forte, que pour rien au monde, elle n'eût fait une faute de propos délibéré. De là venait cette réserve infinie dans ses relations avec le monde, qui faisait que jamais elle ne froissait, elle ne chagrinait personne. De là cette attention extrême à couvrir les vices, les défauts de tous, mais surtout ceux de son mari : car on doit dire, à l'honneur de cette femme vraiment forte, que dans ses croix, elle n'eût rien trouvé que de doux, si elles eussent été secrètes et exemptes de tout péché, dans ceux qui les lui faisaient subir. Mais ce qui la distinguait pardessus tout, c'était une prédilection marquée pour la grande, pour la belle vertu, pour la vertu qui est le secret des Anges du Ciel et la gloire des âmes d'élite sur la terre ! Comme le saint homme Job, elle avait fait un pacte avec ses yeux, afin de ne les porter jamais sur un objet dangereux ou nuisible. Elle avait surtout une aversion profonde pour les modes bizarres qui se transforment, ou plutôt, qui se déforment chaque jour, et qui en fin de compte, n'aboutissent jamais qu'à la ruine des âmes, et au triomphe du démon. Sous ce rapport, on peut dire, qu'elle fut invulnérable ; et si un péril imminent se présentait, d'un mot, d'un geste, ou bien par une mesure prudente et énergique, elle savait le faire disparaître ou l'amoindrir. Des faits innombrables seraient à citer ici ; pour ne pas agrandir cette courte notice, nous allons en prendre quelques-uns seulement des plus frappants.

Un jour, après l'avoir vue, un des hauts personnages de la cour est pris pour elle d'une violente passion. D'abord le feu qui le consume, reste caché, comme assoupi par une sorte de pudeur native et par la crainte qu'il éprouve de ne pas réussir dans son projet. Longtemps, il suppute, il calcule, enfin honteux de lui-même, et exaspéré de sa faiblesse, il confie à un ami le secret qui le ronge; cet ami, gentilhomme de bas étage dont l'indélicatesse n'a d'égale que la confusion qui l'attend, se charge de l'affaire. Pour la mener à bonne fin, il ne néglige rien ; il vient à Arches, entre au château où était Elisabeth, sous prétexte d'entretenir Monsieur Dubois d'une affaire de la plus haute importance ; M. Dubois n'y étant pas, Elisabeth, par politesse, reçoit le trop fameux négociateur : l'entretien d'abord est correct, sérieux même ; mais bientôt, notre homme s'interrompt... il prend un air mystérieux, cafard, enfin laisse échapper quelques paroles à double sens. La vertueuse épouse comprend tout de suite de quoi il s'agit ; d'un mot, elle lui ferme la bouche, en lui faisant l'éloge d'une femme qui dans un cas pareil sut repousser les offres d'un puissant et artificieux séducteur. Le malheureux comprend qu'il est reconnu, découvert ; aussi feint-il de remettre, à une autre fois, l'affaire à traiter avec Monsieur Dubois, et repart humilié, confus de s'être chargé d'une si honteuse mission.

Que va faire notre courtisan aux abois ? Un homme passionné, surtout quand il est orgueilleux et puissant, ne s'arrête jamais à mi-chemin ; il ne voit que sa passion, et pour la satisfaire, les moyens lui paraissent tous d'une parfaite légalité. Le respect, la vertu, l'honneur, rien ne pèse dans ses calculs ; il foule tout aux pieds. Il faut qu'il arrive, il a juré qu'il n'en n'aurait pas le démenti ; ou s'il l'a, ce ne sera pas impunément, car s'il ne parvient pas à déshonorer l'épouse, eh bien ! il perdra le mari. Mais pour cela, à quel stratagème nouveau va-t-il recourir ? En fait de mal, le démon n'est jamais à bout de ressources ; et voici, dans le cas présent, ce qu'il suggère à cet esclave de la volupté : on savait que les religieux étaient toujours parfaitement accueillis dans la maison Dubois. Notre homme s'associe donc quelques garnements, dont la vertu devait être au niveau de la sienne, il leur fait prendre un costume porté par un des ordres les plus saints de l'Eglise ; puis, dans cet accoutrement, ils abordent la maison, qui se fait un devoir de ne refuser l'hospitalité à personne. Monsieur Dubois, n'y étant pas, on prévient la Dame, en lui disant qu'il y a à la porte trois religieux qui désirent passer la nuit au château... Que faire? la situation semblait critique... les renvoyer? la charité le défend. Les recevoir? la prudence s'y oppose. Sa résolution cependant est bientôt prise; elle n'admettra personne chez elle en l'absence de Monsieur Dubois. Néanmoins, pour avoir un guide plus sûr dans cette perplexité, elle recourt à la prière; suivant son habitude elle s'adresse à Dieu, à la bonne Mère qui lui inspire, sur le champ, la plus sage des décisions. D'abord, elle ne se présente pas elle-même, mais elle charge un valet de répondre à sa place. Celui-ci fait à ces Messieurs très poliment ses excuses; de la part de la Dame, il leur dit qu'elle est au regret de ne pas les recevoir, vu que son mari n'est pas à la maison. Cependant pour ne pas les laisser dans le besoin, elle les prie d'aller dans une hôtellerie de la ville, d'y prendre la nourriture et le logement. Quant à elle, elle se charge de payer tous les frais. Le parti était sage et la réponse polie, mais pas du goût de nos bons apôtres. Ils maugréent, ils récriminent, ils disent qu'une hôtellerie est bonne pour des gens ordinaires, mais non pour des personnes de leur condition. Pour couper court à tout, on leur déclare, en les congédiant qu'ils peuvent aller n'importe où, qu'ils seront mieux que chez Madame Dubois. Grâce à Dieu, ici encore, la vertu triomphait.

Mais la passion de cet homme était trop ardente, trop opiniâtre, pour se laisser vaincre si facilement. Aussi, afin d'arriver au même résultat, le démon lui suggère le moyen que voici : de retour à Nancy, il se figure qu'il aura assez de crédit près de son souverain pour le déterminer à se rendre à Remiremont; une fois le projet de voyage arrêté, il saura bien, étant de la partie, s'introduire, avec Son Altesse, chez celle qui est l'objet de sa convoitise et de sa passion. D'abord, il parle au prince de Madame Dubois, de sa grâce, de sa vertu, de sa beauté: c'est, dit-il, une personne incomparable et il n'y a pas la pareille dans toute l'Europe. Mû par des paroles aussi enthousiastes, le prince se décide à voir par lui-même une personne dont l'éloge est sur toutes les lèvres.

Bientôt, on règle le cérémonial de la route, déjà les équipages sont prêts, les fourriers accomplissent leur mission. Arrivés à Remiremont, ils assignent à chacun son logement, et marquent celui de Monsieur Dubois pour le prince et quelques hommes de sa suite. Jamais embarras ne fut plus grand pour Elisabeth ; il y avait pour sa maison un profit considérable, un honneur immense à recevoir son souverain. Connaissant sa vertu, elle n'avait aucune crainte à son endroit ; mais ce qui l'ennuyait, ce qui la troublait, c'était la présence, chez elle, d'un seigneur de mauvais renom, qui avait déjà mis tout en œuvre pour la déshonorer et la perdre.

Sous le poids de cette inquiétude, elle se rend à son oratoire, se jette aux pieds de Celle qui, en tout temps, fut son appui, son refuge et lui fait cette prière : « Sainte Mère de Dieu, qui voulez bien que je vous appelle aussi ma mère ; ayez pitié, de votre malheureuse fille ; protégez-moi, s'il vous plaît, comme vous l'avez fait tant de fois. C'est maintenant, surtout, que votre secours m'est nécessaire. Brisez à l'instant les complots ourdis contre moi, vous le pouvez, et le pouvant, je l'espère, vous ne me refuserez pas cette nouvelle marque de votre bonté. »

Après cette courte prière, elle se relève, se met à l'œuvre avec une ardeur incomparable ; elle prépare, dispose tout, afin de recevoir dignement l'hôte illustre qui va les visiter : elle était tout entière à ses occupations, quand un courrier arrive, annonce que le prince a changé subitement d'avis et que le voyage projeté n'aura pas lieu. Grâce à la protection du Ciel, le misérable voit donc encore une fois ses espérances déçues et ses menées honteuses, en un clin d'œil, réduites à néant. Mais sa passion n'est pas adoucie pour cela ; elle n'en devient, au contraire, que plus acharnée, plus furieuse. Incapable d'arriver à ses fins par les voies qu'il a suivies, il va changer ses batteries, il cherchera à atteindre l'épouse en ruinant le mari.

Pour mettre à exécution son détestable projet, il profite du moment où M. Dubois est cloué sur son lit de douleur par une goutte affreuse ; il l'accuse de mille délits, et entr'autres, de malversation dans les fonctions de sa charge. Ainsi, par d'abominables mensonges il parvient à noircir sa réputation dans l'esprit du prince. Incapable de sortir de sa maison, Dubois malade, ne peut donc rien pour sa défense. Et, loin d'offrir à Dieu l'injustice dont il est la victime, il ne songe qu'à faire retomber sur une autre le malheur qui l'accable; il s'en prend à sa femme ; il ne lui laisse ni repos, ni paix ; il la tourmente, il la malmène ; pour elle, habituée aux calomnies les plus noires, aux reproches les plus amers, elle résiste à tout, rien ne la déconcerte, rien ne l'abat ; un chagrin violent pèse néanmoins sur son cœur, c'est de voir son mari brisé d'angoisses et de peines. Aussi, n'a-t-elle qu'une préoccupation, c'est de lui inspirer, à tout prix, la résignation, la confiance. Elle lui parle de Dieu, de sa grandeur, mais aussi de son amour ; elle fait briller à ses yeux les plus sublimes enseignements de la foi ; elle lui rappelle, qu'étant chrétien, il doit ne pas oublier cette maxime du Christianisme, que c'est par la souffrance, par l'acceptation spontanée des maux de cette vie que l'on acquiert des droits certains aux biens de l'éternité. Ces paroles inspirées par l'esprit de Dieu et dictées par l'amour le plus pur, font impression sur l'esprit du pauvre malade. Pour quelques instants au moins, il est calme, résigné, tranquille. Mais bientôt, les idées sombres reviennent, elles reprennent le dessus. Il porte ses regards en avant. Quel avenir plein de tristesse ! Il entrevoit pour lui, pour sa famille, la misère, la honte. Ses amis, du moins le petit nombre de ceux qui ne l'ont pas délaissé, lui conseillent de se défendre avec énergie, de députer sa femme auprès du prince, d'intéresser à sa position les hauts personnages de la cour et ainsi de conjurer sa ruine. Il mande donc Elisabeth auprès de sa couche, il lui parle avec douceur, avec aménité, puis, sans lui donner d'ordre formel, il la prie avec instance de partir pour Nancy et de ne revenir qu'après avoir dissipé l'orage qui les menace.

Loin d'entrer dans ses vues, elle lui répond avec une vigueur que l'on ne trouve que dans les âmes fortes et bien trempées. Quoi! dit-elle, vous ne voyez pas, vous ne découvrez pas la ruse, la perversité de nos ennemis? Est-ce que vous ne comprenez pas la malice qui les guide et les anime? Non, je ne leur donnerai pas cette satisfaction!... Vous êtes malade, le devoir m'oblige à ne pas vous quitter, à rester près de vous. Si Dieu vous enlève à notre affection, si vous succombez!... Ce qui n'est pas probable!... Eh bien! j'ai des mains pour travailler, mes enfants aussi! Il n'y aura honte ni pour eux ni pour moi de vivre en travaillant. Dieu nous avait donné des biens; il lui plaît de les reprendre; que son saint nom soit béni!... Des paroles si ardentes, si nobles agissent sur le cœur de M. Dubois, raniment son courage, et pour quelques instants, dissipent les alarmes, les troubles qui l'agitent. Mais bientôt l'inquiétude revient avec ses amertumes, avec ses tristesses : de nouveau, M. Dubois fait appeler Elisabeth, il la conjure avec tendresse, avec larmes de lui donner satisfaction; mais elle, à qui la désobéissance est inconnue, pour qui, jusqu'alors, un désir de son mari a été un ordre, lui répond : Permettez-moi de vous dire que je n'irai pas à Nancy; ma résolution est prise, bien prise, croyez-le, je ne changerai pas. Et du coup, elle remet toute l'affaire aux mains de la Providence. La Providence hélas! ne lui fut pas propice. La vérité fut étouffée par le mensonge, l'innocence opprimée par l'injustice. Le malheureux perdit son procès, sa charge et la plupart de ses biens. Des pièces justificatives furent retrouvées dans la suite; mais il était trop tard, le jugement était rendu, et la sentence prononcée, la ruine était complète. Eh bien! devant la misère, la ruine, Elisabeth n'eut pas une parole de récrimination, de plainte; elle n'eut qu'une voix, ce fut pour bénir la main divine qui la frappait; elle n'eut qu'un désir et celui-là était pur et noble, c'était de convertir celui que la Providence lui avait donné pour époux.

Elle sait que rien n'est fort comme l'adversité

pour toucher les cœurs et les ramener au bien; elle profite donc des maux qui les accablent, pour convertir son mari; elle lui dit que leurs peines sont terribles, cruelles, cependant qu'elles ne doivent pas durer, et que pour les récompenser, Dieu a les biens du Ciel, les biens, les joies qui ne finissent jamais. Ces paroles dites avec conviction, avec tendresse, entrent dans l'esprit du malade, elles pénètrent et changent son cœur. La sainte épouse profite de ce changement subit pour lui parler de son âme, de la grande affaire de son salut, et, sans plus tarder, elle se met à l'œuvre avec une sainte ardeur, elle l'aide à découvrir ses fautes; en prenant en particulier chacun des péchés d'où dérivent les autres, elle les extirpe, elle les arrache, pour ainsi dire, un à un, puis, quand tout est fini, elle lui parle de Marie : c'est, dit-elle, la consolatrice des affligés, le refuge des pécheurs, elle n'abandonne jamais personne, surtout à l'heure du péril. Un langage si affectueux, si tendre, relève cette âme abattue par le malheur. M. Dubois reconnaît enfin le don que le Ciel lui a fait, en lui procurant une épouse si sainte. Aussi, après le Sauveur, après sa sainte Mère, il n'a plus confiance qu'en elle; il a un regret, un regret profond, c'est de lui avoir causé, pendant leur union sur la terre, des peines si grandes, des chagrins si cuisants.

Elisabeth, avec ce regard pénétrant que les saints possèdent seuls, découvre le remords qui ronge le cœur de son cher malade. Elle voudrait partager sa douleur pour la rendre moins amère; elle s'efforce de le calmer et lui dit avec douceur: vous ne devez avoir qu'un regret, c'est d'avoir offensé Dieu, et le repentir, s'il est sincère, doit vous donner toute confiance en sa miséricorde. De plus, offrez-lui, pour l'expiation de vos péchés, vos souffrances actuelles, et il vous pardonnera. Elisabeth parlait encore, et M. Dubois sur son lit l'écoutait sans trop souffrir; soudain, son visage pâlit, son regard devient terne, sa respiration tout à l'heure saccadée, haletante, s'arrête. Bientôt même le cœur cesse de battre. Le médecin, qui est au chevet du moribond, déploie tous les secrets de son art pour lui prolonger l'existence; après maintes tentatives, il est obligé d'avouer à la vertueuse épouse que son mari a cessé de vivre, qu'il est mort. A ces mots, une indicible surexcitation s'empare de tout son être. Lui mort!... Mais cela ne se peut; non, dit-elle, il n'est pas mort. En même temps, elle l'appelle, elle le secoue, comme s'il n'était qu'en léthargie. Elle découvre bien, vite cependant, que tout espoir humain est perdu; elle se retire donc dans son oratoire, et là, prosternée devant l'image de la Vierge, elle lui dit: O Mère, ô bonne Mère, rendez-moi, je vous prie, le mari que je viens de perdre : ranimez-le, ne fût-ce que pour quelques instants, afin qu'il puisse faire l'aveu de ses fautes et en obtenir le pardon. O Mère, qu'il ne soit pas dit que votre humble servante a été l'épouse d'un damné; en même temps, elle lui promet de faire une neuvaine à Notre-Dame des Trois-Epis, si elle lui accorde une si grande faveur.

Sa prière terminée, elle retourne auprès du malheureux Dubois, qu'elle trouve encore gisant, sans respiration, sans vie. Comment, dit-elle, il n'est pas encore revenu à lui, il ne remue pas!... Cependant, il n'est pas mort, il ne peut pas être mort; pendant sa vie, il n'a pas toujours été fervent chrétien, mais il a toujours été dévot à la Sainte Vierge, et elle ne permettra pas qu'il parte de ce monde, sans se confesser... En même temps, elle mande auprès d'elle les gens de sa maison et les invite à lui prêter main forte; et voilà que de nouveau, elle le soulève, elle l'appelle, elle lui parle, elle le secoue... Le médecin qui est là, ne dit mot; il regarde, il contemple cette âme qui, à ses yeux, ne peut être inspirée que par l'extravagance la plus insigne... Mais ô prodige, voilà que celui qu'il croyait mort, bien mort, ouvre les yeux et les porte avec une douceur ineffable vers celle qui, pour lui, vient d'opérer un miracle.

Revenu complètement à lui, M. Dubois vécut encore huit jours. Ces jours furent parfaitement employés. Il reçut avec une piété profonde, une foi vive, les Sacrements de Pénitence et d'Eucharistie, puis il ferma les yeux pour toujours; il obtint de Dieu lui-même la récompense due à son repentir et aux vertus de celle qui fut la noble compagne de sa vie. On était au 16 avril de l'année 1616.

Elisabeth accepta l'arrêt du Ciel avec la plus entière résignation, elle fit de tout cœur le sacrifice d'une personne qui lui était devenue si chère: « vous le désirez, dit-elle, Seigneur, je vous l'offre, votre miséricorde m'avait donné un mari, votre justice vient de me l'ôter; j'accepte les effets de l'une et de l'autre avec une égale reconnaissance. »

CHAPITRE TROISIÈME.

—

VEUVAGE D'ELISABETH DE RANFAING.

Dans son épitre à Timothée, chap. V, ℣. 4, 5 et suivants, saint Paul trace la conduite de la veuve qui désire mener une vie vraiment chrétienne : Il faut, dit-il, qu'elle espère en Dieu ; qu'elle adoucisse l'amertume de sa désolation et de sa peine, en vaquant à une prière continuelle ; il faut qu'elle rende à ceux qui lui ont donné le jour tous les devoirs dont elle est capable ; enfin, elle doit s'appliquer au gouvernement de sa maison et à l'éducation de ses enfants. Ces paroles, empreintes d'une sagesse vraiment divine, devraient être connues, méditées et mises à profit par les personnes que la Providence destine à vivre dans le veuvage. Pour Madame Dubois, elles furent plus qu'un plan de vie, plus qu'un règlement banal, elles devinrent un tableau vivant, qui retraça, à l'avance, trait pour trait, chacun des actes de son existence.

Elle était tout en Dieu, elle ne vivait que pour Dieu ; elle avait la plus haute idée de sa miséricorde, de sa bonté, de sa justice, de sa sagesse, en un mot, de toutes ses perfections ; sa confiance en Lui était inébranlable ; elle le consultait dans ses doutes, et par la bouche de ses ministres, elle recevait toujours ses décisions avec la simplicité naïve d'une enfant. Que toutes les créatures m'abandonnent, disait-elle, souvent; vous, mon protecteur et mon Dieu, vous ne m'abandonnerez jamais, et cela me suffit.

Pour ses parents, pour son père, pour sa mère, elle eut un respect, un dévouement qui ne se démentirent jamais. La mort venait de lui enlever son mari; déjà, elle menaçait un être non moins cher à son cœur, elle allait lui ravir sa mère. Oh! qui pourrait redire les soins, la tendresse dont elle entoura cette mère bien aimée dans sa dernière maladie: elle ne quittait pas son chevet, toujours appliquée à la servir, à la consoler; le jour, la nuit, elle lui rendait sans cesse les devoirs que réclamait une circonstance, aussi périlleuse, aussi solennelle. Comme le disait saint Jérôme, de la vierge Eustochie, elle regardait comme enlevés à son honneur, à sa gloire, tous les services que pouvait lui procurer une main étrangère. Au dire de tous, son affection fut immense et son dévouement sans limite; mais devant les décrets de Dieu, il n'y a qu'à s'incliner, qu'à se soumettre: quand l'heure est venue, que la mort est là menaçante, prête à frapper, l'âme chrétienne, qui assiste à l'agonie d'un être chéri, souffre, elle gémit, elle pleure, mais elle se résigne, car elle ne l'ignore pas, la séparation nécessaire ne dure que jusqu'à cette heure où Dieu rappelle à lui les justes, pour les couronner de gloire et d'immortalité.

Elisabeth perdit donc sa mère; son père lui restait à la vérité; mais loin de la seconder, de la soutenir, il ne fut pour elle qu'un sujet de confusion et de chagrin. Ainsi, malgré son âge très avancé et sans respecter aucunement les intérêts de ceux qui l'entourent, il forme bientôt le projet de contracter un second mariage. Ce projet devait singulièrement déplaire à Elisabeth. M. de Ranfaing ne s'en tint pas là. Un jour il aborde sa fille, et sans craindre sa juste indignation, il lui propose de garantir à sa nouvelle épouse les biens qui viennent de la première, et cela, au détriment de ses propres enfants. Elisabeth l'écoute sans émotion ; puis, avec toute la douceur, avec tout le respect dont elle est capable, elle lui répond qu'une telle proposition ne peut que lui être odieuse ; elle lui dit qu'elle est mère, et que son devoir impérieux est de sauvegarder les droits de ceux auxquels elle a donné le jour. Un refus si légitime, si rationnel rend furieux ce père dénaturé ; il s'emporte, il menace de frapper sa fille, si elle s'obstine, si elle résiste. Pour échapper à ce péril d'un nouveau genre, Elisabeth se voit obligée de fuir le toit paternel. L'absence ne fut pas longue ; ce que la nature, ce que l'intérêt avaient fait, la piété filiale ne tarda pas à le défaire. Bientôt, comme si tout marchait au gré de ses désirs, elle revient chez son père, elle renonce à tout, elle accepte tout en son nom et au nom de ses enfants ; puis, avec une abnégation sans pareille, elle se met à l'œuvre et dispose tout pour les noces prochaines. Une telle conduite ne peut-elle pas être proposée comme modèle de l'amour filial ?

Elisabeth eut six enfants, cinq filles et un fils ; celui-ci mourut à l'âge de deux ans ; deux des filles ne vécurent que quelques mois : les trois qui lui restèrent, devinrent l'objet spécial de ses soins, de sa tendresse ; elle fut pour elles une vraie mère, c'est-à-dire une mère forte et chrétienne. Comme sa vie, à elle, était tout animée de l'esprit de Dieu, elle voulait que ses enfants fussent aussi de vrais enfants de Dieu : « Vous avez, leur disait-elle souvent, au Ciel un Père ; mieux que cela, vous y avez une Mère, elle s'appelle Marie ; cette Mère, il faut l'aimer plus que moi, beaucoup plus, car en même temps qu'elle est votre Mère, elle est la Reine des Anges et des hommes ; et la dévotion, que l'on a pour elle, est le principe du bonheur, de la gloire en cette vie et dans l'autre. » Elle aimait ses enfants, non pas à la façon de ces mères dont l'amour est tout humain : la grande préoccupation de celles-ci n'est pas de corriger leurs enfants, mais de flatter leurs instincts et de suivre en tout point, leurs fantaisies, leurs caprices. Telle n'était pas sa façon d'agir avec les siens. Elle s'occupait très activement de l'âme, mais sans négliger le corps : ainsi, elle leur donnait toujours des vêtements convenables, conformes à leur qualité, indépendants des modes et des bizarreries du siècle : de fait, en tout ceçi, elle réussit parfaitement, le Ciel bénit ses efforts, car, dit un auteur de sa vie, elle en fit des servantes du Christ, et non des esclaves du monde : elle eut le bonheur de les voir toutes entrer en religion.

Son zèle ne s'arrêtait pas à l'éducation de ses enfants ; pénétrée de ces paroles de saint Paul : « Quiconque n'a pas soin de ses domestiques, a renoncé à la foi, est pire qu'un infidèle, » elle entourait toutes les personnes de sa maison de la plus grande sollicitude. Non seulement, elle leur donnait les principes généraux de la vie chrétienne, en leur démontrant que l'on n'est dans le monde que pour servir Dieu et de cette façon mériter les récompenses du ciel ; mais elle entrait dans le détail, dans la pratique : elle leur apprenait à sanctifier les peines de la vie, en les offrant au Seigneur. Les jours de dimanches et de fêtes, chacun faisait son devoir ; on assistait à la messe, aux vêpres de la paroisse, c'était de règle ; et pour être plus sûre que les choses se passaient bien, elle ne manquait jamais d'y assister en même temps que les gens qui étaient à son service. Chez elle, on le savait, il y avait, à leur égard, de la vigilance, de l'exactitude plutôt que de la sévérité : ainsi, pour une faute commise, si elle était légère, si elle n'avait pas d'importance, on fermait les yeux ; pour une récidive, il y avait une réprimande, mais si bénigne, si douce que l'on reconnaissait toujours l'intention où l'on était de rendre meilleur et non de causer du chagrin ou de punir ; pour une faute plus considérable, il y avait une réprimande plus forte, mais toujours tempérée par la bienveillance et la charité. Au service de Madame Dubois, quand on n'était pas honnête, il fallait absolument ou se corriger ou sortir : en un mot c'était non pas une maîtresse de maison austère et dure, mais une mère de famille vigilante et dévouée.

Que les maîtres et maitresses de notre temps, qui se

plaignent si fort et avec raison d'être mal servis, agissent comme Madame Dubois ; qu'ils entourent de la même affection, des mêmes soins leurs employés, leurs garçons ou leurs bonnes ; qu'ils les traitent avec le même esprit de foi, et bientôt, ils en retireront la même reconnaissance, le même dévouement.

Les étrangers, aussi bien que ses domestiques, mais surtout les pauvres éprouvaient sans cesse les bienfaits de sa charité. Ce n'était pas seulement aux mendiants de profession qui vont tendre la main aux portes, qu'elle aimait à faire l'aumône, mais partout où elle savait une misère, une misère réelle, profonde, elle courait, elle volait à son secours. On dit qu'elle avait une adresse, un art infini à découvrir les familles anciennes, nobles, mais déchues, mais ruinées, auxquelles pourtant l'honneur reste. A celles-là, elle épargnait toujours l'humiliation de la prière, et avec une délicatesse extrême, soit par un don secret, soit par un travail procuré à propos et grassement rétribué, elle savait rendre le bien-être et le bonheur.

Les prisonniers ne cessaient d'avoir des marques de son dévouement. Mais ses pauvres de prédilection étaient les religieux, ces hommes qui ont tout quitté pour Dieu, et qui pour mieux le servir ont renoncé à tout. Ceux-là étaient reçus par elle, comme l'eût été le Divin Maître lui-même ; et encore parmi eux, s'en trouvaient-ils qu'elle accueillait mieux et plus volontiers. C'étaient les religieux de l'Ordre de saint François, à cause de l'estime dont elle était pénétrée pour leur saint fondateur qui fut le parfait modèle de la pauvreté évangélique.

Le dernier trait, qui d'après saint Paul, doit former le caractère de la veuve vraiment chrétienne, c'est l'éloignement du monde. Elisabeth avait pour le monde, pour ses joies, pour ses fêtes une répulsion instinctive ; elle s'y était mêlée jadis, mais comme à regret, uniquement dans le but d'obéir à celui qui avait droit de lui commander. Après la mort de son mari, elle demeura chez elle, appliquée à l'oraison, à la lecture des livres saints, à l'éducation de sa famille ; désormais, on ne la vit plus sortir que pour visiter Dieu dans son temple et le pauvre dans sa chaumière.

Tant et de si belles actions, une vie si parfaite ne pouvaient échapper à la haine de celui qui sera toujours l'ennemi de tout bien. Aussi, est-on effrayé, quand en parcourant les Annales de l'époque, on découvre les trames qu'il ourdit contre elle, soit pour la corrompre, soit pour la perdre. Voici comment un historien de Lorraine résume en quelques mots les tracasseries, les vexations que lui fit subir l'esprit malin. Pour ne pas être trop étendu sur un sujet dont l'étude ne rentre pas dans nos mœurs, nous allons prendre un fait entre mille.

« La veuve du sieur Dubois, prévot d'Arches, dit M. Digot, (tome V, pag. 117-118 *Histoire de Lorraine*) eut le malheur de plaire à un médecin de Remiremont. Celui-ci mit tout en œuvre pour obtenir sa main : flatteries, menaces, promesses ; mais la jeune veuve (elle avait alors 25 ans) résista à tout. S'il ne parvint pas à la séduire, du moins, dit-on, réussit-il à la livrer au pouvoir de l'esprit de ténèbres. Car, si l'on en croit les historiens du temps, elle était possédée et avait tous les symptômes d'une vraie possession ; ainsi, elle entendait aisément le grec, le latin, l'allemand, l'hébreu ; elle répondait aux questions les plus difficiles sur la théologie et l'écriture sainte ; elle grimpait comme un chat sur les arbres les plus élevés ; elle était douée d'une force musculaire telle que six personnes robustes pouvaient à peine la maîtriser. Mgr des Porcelets consulta les médecins et les théologiens, qui ne furent pas d'accord sur la nature du mal. Et ce qu'il y a d'extraordinaire, c'est qu'un médecin prétendit que Mademoiselle de Ranfaing était ensorcelée ; le sentiment contraire fut soutenu vigoureusement par le père Pithois, minime Champenois, qui pria Dieu de lui envoyer le diable au corps, si l'opinion du médecin était fondée. Les exorcismes, du reste, n'eurent pas grand effet ; et Mademoiselle de Ranfaing ne recouvra la santé, qu'après avoir fait plusieurs pèlerinages aux principaux sanctuaires de l'Auguste Mère de Dieu. »

D'après ces données, il est facile de reconnaître que le démon fit subir à Madame Dubois de rudes, de violents assauts ; dans cette lutte, il eut quelques succès, mais le succès dura peu, et le temps des représailles fut prompt à venir. Elle l'attaqua à son tour, en attaquant le vice honteux qui est le vice même de l'enfer et qui produit dans le monde de si terribles ravages. Afin d'être plus assurée du triomphe, elle suivit l'exemple du Sauveur lui-même qui vainquit l'enfer par la croix ; elle vaincra le démon, elle, après avoir supporté toutes les croix, car, ce fut au milieu d'une de ses plus dures épreuves que Dieu lui manifesta les grands desseins qu'il avait formés sur elle. Elle était disposée à quitter le monde, à le quitter à tout prix. Mais où se retirer ? Quelle voie suivre, quelle direction prendre ? Le moment pour Madame Dubois était solennel. Une âme, une sainte âme, à laquelle elle était unie par les liens de la plus intime amitié, la vénérable mère Alix Le Clerc voulait l'avoir dans la Congrégation de Notre-Dame, qu'elle venait de fonder (1). Mille raisons diverses semblaient devoir fixer son choix et l'attacher à cette nouvelle institution. La sainte fondatrice était pour elle une amie, une véritable mère ; deux de ses filles y avaient reçu la première éducation ; mais c'est le cas de dire, l'homme propose et

(1) On s'occupe aujourd'hui, très activement, dit notre jeune et savant compatriote Albert Gandelet, de l'introduction de la cause de cette vénérable servante de Dieu, qui fut certainement une des gloires de la Lorraine. Sous la haute approbation de Nos Seigneurs les Evêques de Nancy et de Saint-Dié, le culte de mère Alix se propage avec une fiévreuse activité, et tout fait espérer que leur désir de la voir placer sur les autels à côté du bienheureux Pierre-Fourrier sera bientôt un fait accompli ! Quelle gloire pour la Lorraine, de voir insérer parmi les saints le nom de Pierre-Fourrier et parmi les bienheureuses le nom de celle qui lui a prêté un concours si dévoué, pour établir cet ordre, qui a rendu et qui rend encore tant de services aux classes laborieuses par les écoles gratuites, et aux jeunes filles du monde par ses pensionnats.

Dieu dispose. — On veut l'entraîner vers une œuvre, sa conscience, une force instinctive la poussent vers une autre ; on l'invite, on la presse, on lui fait pressentir les obstacles qu'elle doit rencontrer dans l'exécution de ses projets ; elle ne tient compte de rien. A toutes les objections, à toutes les instances qu'on lui fait, elle répond avec l'accent d'une conviction qui ne peut venir que du ciel..... elle redit les paroles prophétiques de son illustre amie : « Ah mes sœurs ; que faisons-nous ? nous n'admettons parmi nous, que des filles vertueuses et bien faites..... Nous les voulons spirituelles ; nous les choisissons avantagées du côté de la nature et de la grâce..... et nous réputons notre œuvre à grand mérite ! Mais étant ce qu'elles sont, ne se sauveraient-elles pas dans le monde....? Un temps viendra, et ce temps n'est pas loin, qu'il s'établira un ordre dont la fin sera toute différente. Pour imiter le père de famille, qui prépare son banquet en faveur de toutes sortes de personnes, on y fera une profession spéciale d'y recevoir celles dont le nom est un objet de mépris et d'horreur. On ira chercher les filles perdues jusque sur les remparts pour les introduire à la table des anges. »

Voilà l'image prophétique de l'ordre de Notre-Dame du Refuge, telle que Dieu l'avait imprimée dans l'âme de sa servante. Ces quelques paroles suffisent pour faire comprendre le but, l'utilité, l'importance de l'œuvre qui va s'établir et dont nous allons parler en exposant la vie religieuse d'Elisabeth de Ranfaing.

CHAPITRE QUATRIÈME.

VIE RELIGIEUSE D'ELISABETH DE RANFAING

C'était en l'année 1624, pendant l'octave de la fête solennelle du Saint-Sacrement, au sortir de l'église où elle passait une bonne partie des jours, Elisabeth reçut une visite qui sera, comme nous le verrons bientôt, de la plus haute importance pour la fixer dans sa vocation : cette visite fut celle de Mademoiselle de Montigny (1), une de ses meilleures amies. Pour ces âmes vraiment chrétiennes, l'entretien était tout tracé; on parla de Dieu, de sa bonté, de ses perfections infinies, mais surtout des grâces spéciales dont il inonde le cœur de ceux qui l'aiment et qui le servent. Tout cela est vrai, tout cela est beau sans doute, observa la noble visiteuse; puis, après un moment de silence, elle ajouta sous le coup d'une indicible préoccupation : « mais

(1) Cette demoiselle de Montigny était probablement fille de ce Montigny, qui a joué un rôle fameux pendant la guerre de la Ligue; il se distingua par sa bravoure au combat d'Aumale en 1592 et au siège d'Amiens en 1597. Il fut gouverneur de Paris en 1601; lieutenant du roi à Metz, Toul et Verdun en 1603, maréchal de France en 1616, il mourut le 9 septembre de l'année suivante.

quelle responsabilité ne pèsera pas sur nous! car la divine Providence nous demandera un compte d'autant plus rigoureux que nous aurons reçu d'Elle des faveurs plus signalées. Tenez, poursuit-elle... il n'y a qu'un instant, à deux pas d'ici... j'ai été témoin d'un spectacle qui m'a tout bouleversée et remplie de tristesse... J'ai vu, sur les remparts, de filles, jeunes encore, privées de leurs parents et qui n'ont d'autre asile que celui de la débauche... Je les exhortai à quitter leur vie honteuse et désordonnée : elles me répondirent, qu'étant le rebut du monde, elles n'avaient pas d'autres moyens d'existence ; que du reste, elles étaient prêtes à y renoncer, si elles trouvaient un endroit pour se retirer et gagner honorablement leur vie. »

A ce récit, la noble veuve a le cœur brisé, son âme généreuse ne peut y tenir : « il faut, s'écrie-t-elle, leur venir en aide, le plus tôt possible et dans la mesure de nos forces, de peur que Dieu ne nous demande un compte sévère du salut de ces âmes qui lui ont tant coûté... allez donc chère amie... allez sans différer une minute... recherchez-les et amenez-les ici. Quand nous n'empêcherions qu'un seul péché mortel, il me semble que nous devrions être trop heureuses. » Animée par le zèle, par la parole enflammée d'Elisabeth, la bonne demoiselle revient sur ses pas, et elle trouve, à la même place, dans les mêmes dispositions, les infortunées qu'elle avait quittées un peu auparavant. Elle les aborde donc avec bonté ; « je viens, leur dit-elle, d'avoir le bonheur de rencontrer une âme charitable prête à vous recevoir et à vous nourrir, mais à la condition formelle, que vous suivrez le chemin de l'honneur et de la vertu. » Touchées de ces bonnes paroles, charmées de l'offre qu'on leur fait, elles promettent un changement complet de vie, accompagnent sur-le-champ leur bienfaitrice, et se rendent chez celle qu'on nomme alors Mme Dubois et que bientôt on appellera *la Mère Elisabeth de la Croix de Jésus.*

La sainte veuve les accueille avec une affection toute

chrétienne ; loin de leur faire des reproches sur leur vie passée, elle leur parle de Dieu, de sa charité, de sa tendresse pour les âmes et des récompenses prodigieuses qu'il leur réserve au paradis. L'œuvre était commencée ; mais pareille à l'arbre de l'Evangile qui, sorti d'une graine à peine visible, grandit rapidement sous le regard du Dieu qui le féconde et le nourrit, elle aussi, protégée par le Ciel, sera bientôt assez vaste pour abriter toutes les vertus et tous les sincères repentirs. Dans une affaire de cette importance, l'humble servante des filles abandonnées se garde bien de s'en rapporter à ses propres lumières ; sans plus tarder, elle prévient le directeur de sa conscience qui approuve tous ses projets. L'Evêque de Toul lui-même, Mgr Jean de Maillane des Porcelets, informé de ce qu'elle a fait et de ce qu'elle veut faire, l'encourage publiquement et lui déclare que rien ne peut être plus agréable au Bon Pasteur qui est venu pour sauver, avant tout, les brebis perdues.

Avec l'approbation et sous la protection de l'Evêque, Elisabeth poursuivit son œuvre avec une ardeur nouvelle. Le nombre de ces malheureuses, du reste, ne tarda pas à augmenter, et bientôt, au lieu de trois, elle en compta vingt, autant que sa maison pouvait en contenir. Pour les trouver, elle n'avait plus à parcourir les remparts, les places, les rues détournées, étroites, hantées par le vice et la misère ; elles venaient s'offrir d'elles-mêmes. Elisabeth n'ignorait pas qu'un certain nombre étaient attirées souvent par le besoin, par la nécessité, plutôt que par le désir de bien vivre et de servir Dieu ; mais qu'importe, disait-elle, c'est une occasion que la Providence nous offre de les faire rentrer en elles-mêmes et de leur inspirer quelques bonnes idées ; à nous de faire ce que nous pouvons pour les sauver, le Bon Dieu se charge de faire le reste.

Souvent elles arrivaient sans linge, sans coiffe, à peine vêtues ou couvertes de haillons ; dans cet état, elles eussent fait horreur à tous, excepté à la sainte veuve qui les recevait toujours comme des anges du Ciel, parce que, dit un historien de sa vie, en fermant les yeux sur l'équipage dans lequel elles paraissaient, elle ne regardait en elles que l'image du Créateur et le sang de Celui qui les a rachetées. Elle les servait elle-même à l'aide de ses filles. L'aînée, qui n'avait que quinze ans, préparait les repas ; la seconde les instruisait ; la troisième était chargée de leur faire la lecture à table. Des soins si assidus, si affectueux, ne pouvaient demeurer sans résultat. Aussi, après quelques jours passés en si bonne compagnie, ces malheureuses paraissaient complètement changées. L'esprit, le cœur, le corps, le langage même, rien n'échappait à cette influence salutaire. Le démon sentit bien par ces débuts les pertes nombreuses qu'il subirait ensuite. Il s'acharna contre Elisabeth ; il lui suscita mille contradictions, mille obstacles. Mais quand Dieu est quelque part, le démon est impuissant, il n'a qu'à se dérober, qu'à se taire, qu'à laisser le champ libre aux âmes qui agissent au nom du Ciel.

Monseigneur des Porcelets avait approuvé l'œuvre ; cette approbation avait une haute importance, sans doute, mais elle ne suffit pas au zèle du généreux prélat ; afin de lui donner des marques plus efficaces de sa sympathie, il laissa, pour la soutenir, dix mille livres par son testament. De nos jours, une telle somme paraîtrait insignifiante, mais à l'époque dont nous parlons, elle avait une très grande valeur : de plus, en mourant, il la recommanda au dévouement de M. Viardin, qui en devint le premier Supérieur.

Cette nomination fut parfaitement accueillie ; M. Viardin avait toutes les qualités pour mener à bonne fin une si haute entreprise. Il avait, dit la chronique, un esprit éminent, une science profonde, un zèle ardent du salut des âmes, et un grand crédit à la cour. Il était docteur de l'Université de Pont-à-Mousson, chanoine écolâtre de l'Eglise Primatiale de Nancy ; plus tard enfin, il fut honoré du titre de vice-légat par Monseigneur le Cardinal de Lorraine, Evêque de Strasbourg et de Metz. Un tel homme, entouré d'une si grande considération, devait être très utile à Elisabeth, d'autant plus que le travail qui restait à faire était complètement de sa compétence. La maison existait, on l'avait achetée assez vaste pour abriter les filles pécheresses et les personnes vertueuses destinées à les instruire, à les moraliser (1). Le moment était donc venu de solliciter et d'obtenir l'autorisation du Souverain et l'approbation du Saint-Siège ; enfin il fallait donner à la communauté naissante la constitution qui devait la régir. Ce fut le travail de M. Viardin et de M. d'Allamont (2). Nous donnerons ailleurs, un extrait

(1) Cette construction primitive a été modifiée plus tard. Lionnois en parle dans son troisième volume de l'*Histoire de Nancy*, p. 99. Le corps de logis des religieuses, dit-il, a été fait en 1696, comme on pouvait le voir, par une inscription placée dans le cloître. Le cloître hélas ! a disparu, par conséquent l'inscription aussi : mais le texte nous en a été conservé par Lionnois lui-même. Le voici :

GLOIRE SOIT A DIEU.

En conséquence des lettres patentes, accordées pour l'établissement de ce monastère, par les puissants princes Henri II et Charles IV, ducs de Lorraine et de Bar, cet édifice a été commencé en l'année 1695, sous le pontificat de Notre Très Saint Père Innocent XII ; Messire Henri de Thiard de Bissy étant évêque de Toul. Le dessein en a été formé, continué, et la première pierre posée par le zèle infatigable et les soins officieux et gratuits du sieur Christophe André, écuyer, conseiller-secrétaire et ingénieur du Roi très chrétien Louis XIV.....

Le quartier où sont placées les filles et les femmes, a été rebâti en 1720. Le duc Léopold a contribué à sa dépense, et son Altesse royale, Mme Elisabeth d'Orléans, son épouse, en a posé la première pierre.

En l'année 1733, l'église, le chœur des religieuses, l'appartement des pensionnaires ont alors été bâtis. On transféra à cette époque, le corps de la vénérable mère fondatrice au nouveau chœur, éloigné de onze pieds de l'endroit où il était. On lui fit un cercueil de bois de chêne plombé à la tête et aux pieds dans lequel fut enfermé celui de plomb. On le plaça sous un autel de pierre orné de marbre et de dorure. Il est à peu près certain que c'est l'autel actuel.

(2) M. d'Allamont était issu d'une famille des plus illustres de Lorraine. Son père qui lui donna son nom, avait le titre de comte, même de marquis. Sa mère s'appelait Madeleine de Lenoncourt (ce nom seul suffirait à donner à son origine un éclat extraordi-

des lettres patentes accordées par le Duc Charles IV à la requête qui lui fut présentée.

On fut tout en joie dans la maison, quand on y apprit que le Souverain en avait autorisé l'établissement. Car désormais, on pouvait être sans inquiétude sur son avenir ; mais on n'ignorait pas que c'était au crédit de M. Viardin que l'on était redevable d'une si haute faveur. Aussi, pour lui témoigner leur reconnaissance, les bonnes Religieuses le prièrent de vouloir bien être le supérieur du nouvel Institut. De fait, il en fut non-seulement le supérieur, mais le chapelain ; car chaque jour, malgré ses nombreuses occupations, il ne manquait pas d'y célébrer la sainte messe. Sous la direction d'une personne aussi fervente qu'Elisabeth, avec le concours d'un prêtre aussi zélé que M. Viardin, l'œuvre fit des progrès rapides. L'entrée, du reste, n'en était fermée à personne ; toutes les filles et les femmes égarées qui voulaient y chercher un abri, y étaient reçues. Rien n'échappait à la sollicitude de la généreuse fondatrice ; elle s'occupait de l'instruction, du vêtement, même du service de la table. Elle savait, parfois, adoucir ce que la règle pouvait avoir de rigoureux ou d'austère. Ainsi, à certains jours, elle procurait à la communauté de ces petits extra, qui

naire). Sa mère guida elle-même ses premières années et le confia ensuite à son oncle maternel à Messire Antoine de Lenoncourt primat de Lorraine. Dirigé par une main aussi habile, il devint un savant distingué et un parfait chrétien. Arrivé à l'âge canonique, il fut investi des saints ordres ; nommé ensuite chanoine, il devint abbé commandataire de Beaupré de l'ordre de saint Bernard : mais son œuvre de prédilection fut la maison du refuge ; lié d'une étroite amitié avec M. Viardin, il dut prendre la place de supérieur, lorsque la mort frappa ce dernier. Il se donna tout entier à la communauté du refuge. Il y logeait, afin d'être plus à même de rendre le moindre service aux personnes qui l'habitaient. Il faudrait un livre tout entier, pour redire le bien qu'il y fit. Usé enfin de fatigue et ruiné par la maladie, il rendit sa sainte âme à Dieu le 29 mars de l'année 1661. On laissa son corps, dans la maison même, à la quelle il avait donné son cœur pendant sa vie.

étaient toujours parfaitement accueillis de celles qui en étaient l'objet : par exemple à la sainte Madeleine, on servait une portion double de ce qui faisait le menu des repas ordinaires. De quoi, dit un chroniqueur du temps, l'illustre pénitente parut fort obligée ; car elle se manifesta un jour à Elisabeth et lui dit : « Puisque tu fais faire la fête à des pécheresses qui veulent imiter ma pénitence, j'aurai un soin tout particulier de toi et de ta maison. »

De son côté Elisabeth qui préparait ces réjouissances avec une affection, une sollicitude toute maternelle, était loin d'y prendre part. On dit même, qu'elle s'imposait alors des jeûnes plus rigoureux que de coutume ; et comme on lui en demandait le motif, elle répondait en toute ingénuité : « J'ai lu, au livre de Job, que tandis que ses enfants se livraient à la joie, lui, de son côté, offrait des sacrifices à l'Eternel, et la raison qu'il en donnait respire tout à la fois la piété du juste et la tendresse du père. Je demande à Dieu, dit-il, qu'ils puissent se réjouir sans pécher. Eh bien ! moi aussi, je suis mère, et je demande pour mes filles des récréations innocentes et pures. » Sa manière d'agir à leur égard, n'avait jamais pour mobile que le bien, que l'avancement dans la vertu ; elle était bienveillante et douce, mais quand les circonstances l'exigeaient, elle savait aussi être ferme. Un jour, une de ses réfugiées, qui sans doute était lasse d'être bien et de bien faire, demande sa sortie : elle déclare que sa résolution est prise, qu'elle veut partir, quelle partira, qu'il n'y a pas à la sermonner pour la retenir malgré elle. Comme la pauvre créature était appréciée à sa juste valeur, on lui ouvre la porte et la voilà partie. Une autre, peut-être entraînée par l'exemple, séduite par les conseils de notre fugitive, veut s'en aller, elle aussi. Comme c'est une belle âme, aimée et estimée de toutes ses compagnes, comme le mécontentement qu'elle éprouve ne peut être que momentané, on la prend à part, on l'exhorte, on l'encourage : paroles inutiles, exhortations superflues, elle s'obstine, mais Elisabeth tient ferme, et mettant en pratique les paroles de l'Ecriture, « le père et la mère qui épargnent la verge n'aiment pas leur enfant », elle fait administrer à sa fille en religion une bonne discipline. Le remède fut efficace, car celle qui avait cédé à un moment de faiblesse et de mauvaise humeur fut dans la suite un modèle d'obéissance et d'abnégation. Du reste, les défections furent rares. La piété, au contraire, le respect et le dévouement étaient à l'ordre du jour, et toutes ces bonnes dispositions se remarquaient dans le langage, dans la tenue, se lisaient dans les yeux, sur les traits de ces malheureuses ; si bien que toutes les personnes témoins d'un spectacle si nouveau et si touchant tout à la fois, en étaient émerveillées. C'est le progrès continu de l'œuvre qui décida M. Viardin à en poursuivre avec activité le complet achèvement.

On avait obtenu l'autorisation de la puissance séculière par les patentes dont nous avons parlé. Avant d'aller plus loin, il fallait recourir à l'Eglise, sans l'autorité de la quelle, une communauté quelconque ne peut avoir une existence canonique. M. Viardin s'adressa donc à l'Evêque du diocèse, qui était alors le cardinal François de Lorraine ; il lui présenta une requête en le suppliant d'agréer, d'approuver, de confirmer par son autorité ordinaire, l'ordre de Notre-Dame du Refuge, afin que les personnes qui voudraient en faire partie, y fussent en sécurité et pour le présent et pour l'avenir. La requête fut présentée le 22 février 1639, jour de la Chaire de Saint-Pierre, et le 24 du même mois, ce que réquérait M. Viardin était accordé, de la manière la plus gracieuse, par l'Eminent Cardinal. Nous donnerons ailleurs le texte même de la demande et de la réponse. D'après ces lettres, la communauté était érigée en monastère régulier. Voici quelques - unes des clauses auxquelles on devait se soumettre : Les personnes qui en feront partie, seront sous la direction d'une mère supérieure : elles observeront la règle de saint Augustin et les statuts et constitutions qui leur seront donnés dans la suite : quant à l'habit, il consistera en une robe et tunique de couleur tannée, avec un scapulaire blanc ; on ne pourra, sans une autorisation préalable, changer quoi ce soit au costume. On accorda de plus l'autorisation de construire et d'ouvrir une chapelle, où l'on pourrait célébrer la sainte messe et conserver le Très-Saint-Sacrement, si elle était suffisamment ornée; la construction de la dite chapelle fut menée avec une très grande diligence; achevée le 16 avril, 1629, M. Viardin eut l'honneur d'y offrir, le premier, le saint sacrifice pour Son Altesse et pour S. Em. le Cardinal de Lorraine; c'était le jour de Pâques; Elisabeth et ses enfants y reçurent la sainte communion à la grille; après la messe, on ouvrit les portes au public, puis on chanta le *Te Deum* en actions de grâces.

En présence de faits qui manifestaient d'une manière si éclatante la protection du Ciel, il est impossible de décrire la joie dont était inondé le cœur de la sainte fondatrice; une chose, cependant lui manquait encore, ainsi qu'aux âmes pieuses qui devaient travailler, comme elle, à la sanctification des filles abandonnées; c'était le saint habit; on savait en quoi il devait consister, les constitutions en indiquaient la nature, la couleur, les éléments, il n'y avait plus qu'à fixer le jour où on le prendrait. Après une sérieuse délibération, on choisit le premier jour de l'année 1631. M. Viardin, devait présider la cérémonie; mais étant tombé malade, il se fit suppléer par le recteur du Collége de Nancy, le Père Bouvet de la Compagnie de Jésus. Celui-ci fut assisté de plusieurs personnes de distinction, entr'autres, par trois religieux de la même Compagnie, par Messieurs de Renel et de la Royauté, enfin par M. Varin chantre de la Primatiale de Nancy et aumônier de Monseigneur le Cardinal. Après avoir dit la sainte Messe, le Père Bouvet bénit les treize habits ainsi que les voiles; puis se conformant aux usages prescrits, les religieuses sollicitèrent et obtinrent d'être reçues dans l'ordre de Notre-Dame du Refuge; le saint habit leur fut accordé, et après s'être mises en clôture, le noviciat commença.

Nous donnons à la suite les noms des treize religieuses.

1° ELISABETH de RANFAING, dite Mère Elisabeth de la Croix-de-Jésus ;
2° FRANÇOISE DUBOIS, dite Sœur Marie-Paule de l'Incarnation ;
3° MARIE DUBOIS, dite Sœur Marie de la Sainte-Trinité ;
4° ELISABETH DUBOIS, dite Sœur Marie-Colombe de Jésus ; toutes trois filles d'Elisabeth de Ranfaing ;
5° BARBE PRÉVOT, dite Sœur Marie-Françoise-Séraphique, parente des précédentes ;
6° FRANÇOISE LESAGE, dite Sœur Marie-Madeleine.
7° LOUISE de L'EPINE, dite Sœur Marie-Claire ;
8° ANTOINETTE COÉ, dite Sœur Marie-Gabrielle ;
9° ANNE MARTELOT, dite Sœur Marie-Thérèse ; toutes religieuses de Chœur ;

Les quatre qui suivent, sont des religieuses converses ;

10° MARIE SIMONIN, dite Sœur Michel de la Présentation ;
11° ALIX TAPISSIER, dite Sœur Marie-Ignace ;
12° JEANNE DE JAILLON, dite Sœur Marie-Zoé ;
13° MARTINE OBRION, dite Sœur Marie-Agathe ;

M. Viardin survécut peu à cette belle cérémonie ; Dieu l'appela à lui le neuf mars de l'année 1631. Sa mort fut celle du juste, et le ciel la récompense de son travail C'est Elisabeth qui l'apprit elle-même à ses filles : « Ne le pleurez pas, leur dit-elle, il nous aidera plus où il est maintenant, qu'il ne l'a fait jadis ; je lui avais promis, quand il nous a quittées, de demander à Dieu de ne pas le tenir en purgatoire ; il n'y est pas resté, je l'ai vu au ciel, dans une allégresse ineffable et entouré d'une gloire dont je ne puis exprimer l'éclat. Les funérailles du saint homme eurent lieu le lendemain, avec toute la pompe que méritaient son nom et sa vertu. Plusieurs personnes de haut rang y assistèrent, entr'autres les prêtres des paroisses de la ville et les Révérends Pères Cordeliers. Le Père Poiret de la Compagnie de Jésus fut chargé de prononcer l'éloge funèbre. La cérémonie finie, le corps, enfermé dans un double cercueil, l'un de bois, l'autre de plomb, fut porté de la Primatiale à la Maison du Refuge, où on le déposa dans un caveau préparé pour le recevoir.

La mort d'un homme si dévoué causa au Refuge une perte sensible ; cependant, elle ne fut l'ocasion ni de relâchement, ni de désordre. Le père n'y était plus ; Dieu l'avait appelé à lui ; la mère y restait, et son zèle, son dévouement devaient suffire à tout. Elle fut, du reste, puissamment secondée dans son œuvre par les Révérends Pères Poiret, Guéret, Bouvet et Bertignon, de la Compagnie de Jésus. A ces hommes aussi remarquables par la science que par la piété, on confia le soin de rédiger les statuts de la communauté nouvelle, mais en les tirant, autant que possible, de la règle de saint Augustin. Le travail fut prompt et la rédaction bientôt terminée ; mais survint un obstacle imprévu, qui empêcha de les envoyer à Rome, pour en obtenir l'approbation.

Cet obstacle fut occasionné par les Religieuses de la Madeleine.

Le monastère de la Madeleine avait été fondé par feu Monseigneur le Duc Henri II et par Marguerite de Gonzague son épouse (1). La mort prématurée de la pieuse dame fut nuisible au nouvel Institut, car la ferveur dont elle l'avait animé et qui l'avait rendu si florissant d'abord, ne tarda pas à se ralentir ; il n'y avait pas précisément de désordre, mais un laisser-aller qui pouvait avoir les conséquences les plus funestes, si l'on y portait un prompt remède. Afin de couper le mal dans sa racine, on mit à l'étude divers projets. Enfin après de longues et mûres délibérations, on se décida à dissoudre la communauté pour en réunir les membres aux religieuses de la Visitation. Les bonnes filles de saint François acceptèrent d'abord, mais elles ne tardèrent pas à s'en repentir et à être fatiguées d'un tel voisinage. Au bout de quelques jours, elles sollicitèrent et obtinrent

(1) Elle mourut le 7 février 1632 ; ses restes ainsi que ceux de son époux furent transportés, l'an 1743, dans l'église des Cordeliers.

d'en être complètement séparées. Que faire alors ? A qui s'adresser pour trouver un bercail à ces brebis sans pasteur ? L'autorité ecclésiastique dut intervenir ; après mille pourparlers, après des tergiversations sans nombre, elle s'adressa aux religieuses du Refuge qui acceptèrent, mais à la suite des plus vives, des plus pressantes sollicitations. Le jour de l'installation fut fixé au samedi 4 décembre de l'année 1632. Les Madelonettes, comme on les appelait, étaient dix en tout, neuf professes et une novice. Pour les recevoir, Mgr de Sitie, vint à la porte du refuge ; à ses côtés, se trouvaient Messieurs d'Allamont Supérieur, Simonin curé de Saint-Epvre, La Royauté écôlatre, et Rolet chanoine de la Primatiale. On les introduisit jusqu'à l'entrée de la chapelle, où les attendait Elisabeth avec ses compagnes. Avant de se mettre en marche, on invoqua les lumières de l'Esprit-Saint. Pendant le chant du *Veni Creator*, toutes les religieuses se rendirent à la place qui leur était assignée, elles se donnèrent entr'elles le baiser de paix ; la cérémonie se termina par la bénédiction du Saint-Sacrement. En général, ces nouvelles venues eurent une conduite exemplaire, deux d'entr'elles, seulement, ne furent pas pas fidèles à leur vocation. L'une de celles-ci se croyait arrivée à l'état de sainteté parfaite, si parfaite, qu'elle prétendait être en communication directe avec le Ciel lui-même, et de cette façon, être au courant des secrets de l'avenir. Pour les personnes qui la voyaient dans l'intimité et qui la connaissaient à fond, c'était une hypocrite ou, au moins, une malheureuse atteinte de très fortes hallucinations. L'autre, par esprit d'humilité, faisait semblant d'être folle, et ne cessait, dans tous ses actes, de mêler la bizarrerie la plus étrange à l'excentricité la plus complète ; il est probable qu'aucune d'elles ne fut jamais nourrie du sel de la sagesse ; mais, ce qu'il y a de certain, c'est que toutes deux, étant sorties de la voie où Dieu les avait appelées, elles ne tardèrent pas à s'égarer et finirent leurs jours dans la misère. Cette disgression terminée, nous allons poursuivre notre récit.

La Miason du Refuge, avait l'approbation de l'Ordinaire. L'Etat avait accordé toutes les autorisations requises. Les constitutions et statuts qui devaient la régir étaient dressés; il n'y avait plus qu'à les faire approuver par Rome. Sans la mort de M. Viardin, l'affaire eut été terminée depuis longtemps; mais lui n'étant plus de ce monde, on dut s'adresser au vicaire général du diocèse, pour la mener à bonne fin. C'est donc à Mgr de Sitie, que l'ordre nouveau fut redevable de son érection, approbation et confirmation par le Saint-Siège. Les lettres qui ont dû être échangées dans cette circonstance ne manquent pas d'une certaine étendue. Bien que nous les ayons sous la main, nous ne les publions pas ici; le cadre restreint dans lequel nous tenons à nous renfermer nous en fait une loi; mais comme ces pièces sont de la plus haute importance pour la Maison de Nancy et les autres qui en sont sorties, nous nous proposons de les publier dans la suite.

Elles arrivèrent à Nancy le 9 avril de l'année 1634. On les reçut avec une joie extrême. Le noviciat étant fini, les religieuses, qui en faisaient partie, désiraient vivement se donner à Dieu par les vœux de religion. Mais pour rien au monde, Elisabeth ni ses filles n'eussent pris cet engagement, si non, d'après la formule approuvée pour leur monastère. Ceci se comprend. L'ordre avait une mission spéciale à remplir, il lui fallait donc des statuts en rapport avec le but qu'il devait atteindre. Voici quelques unes de ces clauses, elles furent acceptées par toutes les futures professes et signées en présence de M. d'Allamont, de M. de Renel (1) et de plusieurs personnes notables. On s'obligeait :

(2) M. de Renel n'était pas prêtre. Cependant il ne fut pas moins attaché que M. d'Allamont à l'œuvre d'Elisabeth de Ranfaing. Sa famille comptait une multitude d'hommes de robe de la plus haute distinction. Lui-même fut un magistrat éminent. Il mourut en l'an 1649. Son corps fut déposé dans la chapelle du Refuge où on le conserva comme celui d'un bienfaiteur insigne.

1° A ne point admettre de chapitre ;

2° A conserver les droits que la Constitution donne à la Révérende Mère, de choisir elle-même le Supérieur et de le présenter à l'Evêque qui confirme ses pouvoirs ;

3° A recevoir des filles qui ont failli, mais pour les tenir en un quartier séparé des religieuses et avec un habit différent.

La cérémonie achevée, on dut pourvoir au gouvernement de la Maison. Depuis quelque temps, la Mère Marie-Paule remplissait la charge de Supérieure, elle lui fut retirée : à sa place, on nomma la Mère Elisabeth qui accepta, mais par obéissance et avec le plus grand regret. Sa seconde fille, la Mère Marie-Dorothée devint assistante. Tout était organisé d'une manière canonique : la première profession eut lieu le 1er mai de l'année 1634. Parmi les assistants se trouvaient MM. d'Allamont supérieur, de Renel, Sarrazin conseiller d'Etat, Simonin curé de Saint-Epvre, et Rolet chanoine de la Primatiale. Le P. Bouvet, recteur du Collège des Jésuites fut le principal officiant, il célébra la Sainte Messe, fit l'exhortation d'usage et bénit les objets qui devaient servir aux religieuses, entr'autres, le manteau, le cierge, enfin la couronne d'épines, qui allait ceindre leur front. Après la Messe, Elisabeth prononça ses vœux, les autres la suivirent en se servant de la même formule dont nous donnons ici le texte :

« Je sœur Marie-Elisabeth de la Croix de Jésus, dite au monde, Elisabeth de Ranfaing, fais vœu à la divine Majesté, en présence de la Très Sainte Vierge Marie, Mère et titulaire de la Congrégation de Notre-Dame-du-Refuge ; et des glorieux Pères saint Augustin et saint Ignace, patrons et protecteurs spéciaux de la même Congrégation ; et généralement de toute la Cour céleste ; et de vous, mon Révérend Père Bouvet, recteur de la Compagnie de Jésus député à cet effet par M. Antoine d'Allamont, supérieur légitime de cette maison, sous Monseigneur l'Evêque de Toul : de pauvreté, de chasteté et obéissance perpétuelles, sous clôture, conformément à la règle de saint Augustin et aux statuts et constitutions qui ont été approuvés par le Saint-Siège Apostolique pour cette Congrégation. Et en outre, je promets ne jamais consentir, autant qu'il sera en moi, que cette Congrégation vienne à quitter le soin de retirer les pauvres filles ou femmes débauchées, ou celles qui seront en danger de perdre leur pudicité, autant qu'elle en aura le moyen, ni que le nombre de semblables filles ou femmes qui doivent être reçues, soit amoindri, le tout entendu selon qu'il est plus amplement déclaré ès constitutions de cette Congrégation.

» Fait à Nancy, le premier jour de mai 1634. »

» Sœur Marie-Elisabeth de la Croix de Jésus. »

Cette cérémonie donnait à l'Institut sa force et sa vitalité. Aussi, ne tarda-t-il pas à se développer, à grandir; sa réputation s'étendit au loin. On en parla non-seulement à Nancy, non-seulement en Lorraine, mais jusqu'aux extrémités de la France. On savait le bien qu'il avait fait à Nancy et qu'il ne manquerait pas de produire ailleurs. Beaucoup de villes réclamèrent le concours de ses religieuses; Avignon la première présenta sa requête; comme elle était faite en termes vifs et pressants, elle fut aussi la première à en obtenir. Décrire l'effet produit dans la Maison-Mère par cette première demande de sujets, serait impossible. La plupart de ses religieuses étaient comme dévorées d'une sainte ardeur de faire des conquêtes à Jésus-Christ. Elles venaient de se donner à Dieu, et toutes désiraient un champ plus vaste, plus fécond, afin de mieux travailler à sa gloire. Il y eut donc dans cette circonstance une question délicate, importante, grave même. Ce fut de savoir qui d'entr'elles aurait le bonheur d'être choisie, pour faire partie de la première et lointaine expédition. Afin de ne froisser personne, de se conformer en tout aux vues de la Providence, on eut recours à la prière; après s'être bien concerté, on désigna, pour fonder la nouvelle colonie, les religieuses dont les noms suivent: Il y eut, d'abord, la Mère Marie-Paule et la Mère Marie-Colombe, toutes deux filles d'Elisabeth ; puis, trois autres religieuses, la Sœur Marie de Saint-Joseph, la Sœur Marie-Thérèse ; enfin, la Sœur Marie de Saint-Michel.

Le moment du départ si vivement désiré arriva enfin ; il eut lieu le 30 mai 1634 ; c'était un samedi. Je commence, volontiers mes affaires le samedi, disait Elisabeth, parce que c'est un jour spécialement consacré à la Sainte Vierge, et je m'en trouve bien. Aussi le samedi matin, après avoir assisté au Saint-Sacrifice, après avoir reçu le pain des voyageurs, elle recommande aux prières de la Communauté sa personne et ses filles qu'elle va mener au loin ; elle confie la garde de la Maison de Nancy à la Mère Marie-Dorothée, puis on se met en route. Le trajet fut long, mais bon, heureux autant que possible ; il y eut plusieurs haltes ; on s'arrêta à Langres, à Dijon, à Lyon. Avignon apparut enfin à leurs yeux réjouis. La fatigue était grande, sans doute, cependant nulle plainte, nulle doléance ; le désir de sauver des âmes faisait tout oublier. En parcourant les rues de la ville, elles avaient vu des maisons hautes, spacieuses, bien bâties, et celle qu'on leur destine est basse, étroite, malsaine ; mais toute malpropre qu'elle est, elle ne tarde pas à leur être précieuse et chère ; elle est petite, mais Dieu doit y résider, mais là, des âmes souillées de vices, honnies du monde, doivent venir, et par leur fait, recouvrer l'honneur et la vertu ! La Mère Elisabeth passa quinze jours à Avignon ; on doit dire qu'ils furent bien employés ; elles travaillaient, elle, ses filles, ses compagnes à nettoyer, à laver, à brosser. Quand tout fut en ordre, elle mit à la tête de l'œuvre la Mère Paule sa fille aînée ; la cadette, la Mère Colombe, fut chargée du Noviciat ; la Mère Marie-Thérèse et la Mère Marie de Saint-Joseph devaient assister les précédentes dans tous leurs travaux.

Tout étant réglé ainsi, arriva l'heure de la séparation, des adieux ; ils furent touchants, pénibles pour la mère, pour les filles; mais les peines ne durent pas, surtout, quand elles sont acceptées pour Dieu. Le retour fut long, mais la vénérable Mère fut amplement dédommagée de ses fatigues par le plaisir qu'elle éprouva à revoir ses religieuses et sa chère Maison de Nancy.

L'Œuvre du Refuge marchait donc au gré de la généreuse fondatrice : mais dans une entreprise de ce genre, quand tout réussit, et prospère, il y a un être à qui tout devient odieux; cet être, c'est le démon. Ne pouvant rien contre la Maison de Nancy, il s'acharne contre celle d'Avignon. On se rappelle encore la manière dont ces Dames furent accueillies dans cette ville : leur entrée fut un vrai triomphe. Les jours suivants, elles furent l'objet d'un respect plus profond, d'une reconnaissance encore plus grande... Et voilà que, à un moment donné, sans que l'on sût ni pourquoi, ni comment, les choses changèrent de face, il y eut un revirement complet. Les difficultés surgirent de toutes parts, elles vinrent de l'autorité civile, et même, qui le croirait? de l'autorité religieuse. Le grand-vicaire refusa d'approuver le prêtre que ces Dames avaient choisi pour directeur spirituel; les Curés de la ville eux-mêmes ne négligèrent aucune occasion de dénigrer l'œuvre et d'en arrêter les progrès : dire la raison, les motifs d'une telle conduite, serait difficile.

Devant cette perturbation des esprits, des cœurs, Elisabeth ne put rester à Nancy, elle crut sa présence nécessaire à Avignon : elle l'était en effet: elle s'y rendit donc en toute hâte, et là, par sa prudence et la protection divine, elle rétablit bien vite la paix et la tranquillité. Cette maison devint comme celle de Nancy, non seulement florissante, mais féconde : Tarascon, Arles, Aix réclamèrent et obtinrent des Sœurs du Refuge. Non seulement la Provence, mais le Nord, mais le Centre de la France, s'adressèrent à la mère Elisabeth pour avoir de ses religieuses. Voici du reste par ordre chronologique, quelques-unes des villes où elles furent successivement installées : Toulouse, Nîmes, Bagnères en Languedoc, Le Puy, Saint-Jean-de-Luz en Espagne, Rouen, Dijon, Catane, Syracuse en Sicile, Besançon et Nantes. A eux seuls ces noms en disent plus que toutes les paroles ; ils montrent à merveille, ce que l'ordre nouveau contenait de vigueur et d'activité. Eh bien! malgré sa force, malgré sa vie, il ne put résister au torrent de la Révolution ; comme tant d'œuvres utiles, il disparut devant le flot dévastateur, mais pour revenir bientôt. Actuellement, on trouve encore des religieuses du Refuge, dans l'Est, dans le Midi de la France. Le costume a pu changer : (qu'est-ce qui ne change pas ici bas en fait de mode)? mais le dévouement, qui a fait sa gloire jadis, lui reste, et nous l'espérons, lui restera toujours.

Elisabeth avait subi toutes les épreuves, soutenu tous les combats, de la part de l'enfer et de la part du monde. L'heure du triomphe devait bientôt sonner ; l'Ordre qu'elle avait fondé était reconnu, approuvé, confirmé, il avait l'autorisation des pouvoirs civils et religieux. Elle pouvait donc dire comme le divin Maître sur la croix : « Enfin Seigneur, j'ai terminé l'œuvre que vous m'avez mise entre les mains, *opus consummavi quod dedisti mihi, ut faciam.* » Dieu, du reste, ne tarda pas à lui faire comprendre qu'il était content de ses services, et que la récompense serait prompte à venir. Dès le mois de juillet de l'année 1649, elle ressentit au côté de très fortes douleurs, qui ne tardèrent pas à exciter en elle les plus violentes convulsions. Dans le courant de l'été, le mal devint plus intense ; à la veille de la Toussaint, elle fut obligée de prendre le lit qu'elle devait garder jusqu'au jour où elle serait déposée dans ce lit suprême que l'on ne quitte qu'à la résurrection des corps.

Sa fin pourtant ne fut pas immédiate ; la douleur en elle, la souffrance étaient horribles ; mais le divin Crucifié, la Reine des martyrs étaient son espoir, son modèle; loin de répudier la souffrance, de la repousser, elle la recherchait au contraire; l'expiation, n'importe comment elle se présentât, était pour elle remplie d'attraits, c'était un moyen assuré de paraître plus tard, sans crainte, devant son Juge. Un jour, elle mande près de sa couche ses chères filles, comme elle les appelait, et leur parle en ces termes : « Je vous demande très humblement pardon, de la mauvaise édification que je vous ai donnée, mais en me pardonnant mes fautes, priez, je vous en supplie, le Père des miséricordes de me les pardonner aussi. » Ces paroles, elle les disait les larmes aux yeux, et dans l'attitude la plus humble, la plus résignée ; puis elle ajoutait : « ma maladie je la connais, croyez-le bien, tout remède est inutile, par conséquent ne cherchez pas à me guérir. » Néanmoins pour conformer en tout sa conduite à la vie des saints, elle redisait immédiatement les paroles du grand évêque de Tours : « Seigneur, si dans les vues de votre Providence, je pouvais encore être de quelque utilité pour le bien de vos servantes, je ne refuse pas le travail d'une plus longue vie. Cependant qu'en tout, votre sainte volonté soit faite ». M. d'Allamont lui dit alors que toute la Communauté allait faire une neuvaine à saint Joseph, afin d'obtenir sa guérison : elle lui répondit d'un ton calme, tranquille, mais avec la plus entière soumission à la volonté divine : « Priez, c'est très bien, mais ne l'oubliez pas il faut nous en aller quand même, demain Monsieur. » Mais où faut-il que vous alliez, répondit le saint homme ? « — En Paradis, Monsieur, en Paradis ! » — Mais est-ce que vous ne voudriez pas vivre encore, pour travailler à la gloire de Dieu ? » — J'y suis toute prête, mais telle n'est pas la volonté du Très-Haut. » — Le vénéré supérieur vit bien qu'il n'y avait pas à insister, et que le temps était venu de donner à la malade les secours de la religion. Elle recommença l'aveu de ses fautes, et elle le fit avec la même humilité, la même confusion que si elle eut été une grande pécheresse ; il lui donna l'absolution, l'Extrême-Onction et le saint Viatique qu'elle reçut avec la plus tendre dévotion. Un peu après elle ferma les yeux, pour ne plus les ouvrir : un sommeil léthargique, que nul remède ne put vaincre, la saisit ; elle rendit sa belle âme à Dieu, dans la nuit du 13 au 14 janvier de l'année 1649. Elle avait par conséquent 57 ans plus 3 mois.

Décrire l'état de la communauté, sous le coup d'un si grand malheur, serait impossible. C'étaient des cris de détresse, des gémissements, des paroles entrecoupées de sanglots, où l'on distinguait ces mots : elle est morte, elle nous a quittées la meilleure des mères ! Qu'allons-nous devenir ?.... Au dehors même, quand on apprit, que la bonne Dame, comme on l'appelait, avait cessé de vivre, il se produisit un mouvement indescriptible. On se précipita vers la Maison, chacun voulait contempler encore ses restes vénérés. On sollicita et on obtint que son corps serait exposé à la grille des religieuses. La ville tout entière y accourut. Le peuple, la noblesse, le clergé y vinrent, pêle-mêle, pénétrés du même respect, de la même vénération. M. le Maréchal de la Ferté y vint suivi de son état major ; Madame la Maréchale, accompagnée d'un grand nombre de Dames de qualité, y vint aussi, pour honorer celle dont on publiait partout la bonté et les vertus. La foule était si grande que pour la contenir, on dut, contrairement à la règle, ouvrir les portes intérieures du monastère. Il y avait encombrement partout. Mais quel respect dans cette multitude ! quelle prodigieuse confiance ! Les uns, avec une foi mêlée d'amour, lui font toucher des chapelets ; d'autres, réclament et obtiennent (ce sont les prévilégiés) des objets qui ont été à son usage. Quelques-uns même foulant aux pieds les lois de la délicatesse, dérobent, enlèvent tout ce qui leur tombe sous la main. Son costume funèbre, eut été bien vite déchiré, arraché, peut-être même, eût-il complètement disparu, si les religieuses n'eussent fait bonne garde et empêché les pieux larcins.

Une multitude de faits prodigieux furent constatés dans cette circonstance solennelle ; nous serions heureux de les mettre sous les yeux de nos lecteurs ; mais l'exiguité du cadre dans lequel nous tenons à nous renfermer, nous oblige à les passer à peu près sous silence : en voici deux, cependant, que nous ne pouvons laisser dans l'oubli, tellement ils étaient connus, à l'époque dont nous parlons. Elisabeth venait de rendre son âme à Dieu ; ses restes glacés par la mort reposaient sur un lit funèbre ; or de ces membres inanimés, s'échappait une odeur suave, et cette odeur, au dire de tout le monde, avait une efficacité toute spéciale pour inspirer aux âmes qui la ressentaient les plus sublimes vertus. Un autre phénomène, non moins extraordinaire, se produisit également ; et pour celui-ci, il est impossible d'avoir l'ombre d'un doute, car de nombreux médecins, témoins du fait, en ont donné des certificats, en bonne et due forme : on venait de lui ouvrir la poitrine, pour en extraire le cœur. Fait digne de remarque, aux yeux de tous ceux qui en furent témoins, ce cœur par sa configuration, était d'une merveilleuse beauté : mais, ce qu'il y eut de plus surprenant, c'est qu'il s'en échappait une liqueur, dont la vertu opéra, dans la suite, des guérisons instantanées et complètes. Un cœur si parfait fut, on le conçoit, entouré d'une très grande vénération à Nancy ; il fut plus tard envoyé à Avignon, où les Dames du Refuge le gardèrent et le gardent encore, dit-on, avec un religieux respect.

Quant au corps d'Elisabeth, on le mit dans un double cercueil, l'un de plomb, l'autre de bois ; mais avant de procéder à la cérémonie funèbre, on dut l'exposer encore, durant trois jours, à la piété des fidèles et des religieuses. Le troisième jour seulement, il fut déposé dans le chœur, sous l'autel même de la Chapelle. En 1652, on le changea de place ; il fut mis sous l'autel également, mais à un autre endroit. Cette translation se fit avec une pompe extraordinaire. M. d'Allamont présida la cérémonie, revêtu du surplis et de l'étole et assisté de plusieurs religieux de l'Ordre de saint Benoît. Pendant tout le temps, les religieuses récitèrent les litanies de la Sainte Vierge. Nous devons faire remarquer un fait, dont furent témoins les personnes nombreuses qui se trouvaient là : c'est que l'odeur, dont nous avons parlé plus haut, se fit de nouveau sentir. En 1676 on a orné son tombeau de peintures superbes, et on y a gravé, en lettres d'or, cette inscription que nous espérons retrouver un jour :

« Ci-gît, la Révérende Mère Elisabeth de la Croix de Jésus, issue de la noble Maison de Ranfaing, institutrice de l'Ordre de Notre-Dame du Refuge, fondatrice du premier Monastère erigé à Nancy, l'an 1631 le premier janvier, et du second érigé à Avignon, l'an 1634 ; et décédée dans son premier Monastère le 14 janvier 1649, âgée de 57 ans (1). »

Un Père Dominicain fut chargé de prononcer l'éloge funèbre d'Elisabeth ; sa parole fut des plus éloquentes ; mais l'écho ne franchit pas les murs de la Chapelle du Refuge. Ce qui eut beaucoup plus de retentissement, ce qui donna au nom de notre Sainte plus de notoriété, plus d'éclat, ce furent les prodiges opérés à son tombeau à Nancy et par l'invocation de son cœur déposé dans le monastère d'Avignon.

Plus tard, si le temps nous le permet et que les documents nous arrivent, nous reprendrons avec plus de détails cette vie édifiante et chrétienne, nous redirons les vertus qu'Elisabeth a pratiquées, les actes héroïques qu'elle a accomplis ; de cette façon, nous serons con-

(1) Comme nous l'avons fait remarquer dans une note précédente, après qu'on eut agrandi la chapelle en 1733, le corps d'Elisabeth fut de nouveau transporté sous l'autel ; or Lionnois déclare, qu'en 1805, époque à laquelle il termine son histoire de Nancy, le corps s'y trouvait, comme on peut le voir, par l'épitaphe qu'il nous a transmise. (Tome III, édition posthume de 1811, page 100.)

Ci-gît la révérende Mère Marie Elisabeth de Ranfaing, institutrice de l'ordre du Refuge et première supérieure du monastère ; elle naquit à Remiremont le 15 octobre 1592 ; prit l'habit le premier janvier 1631 ; fit profession le premier mai 1634 et mourut le 14 janvier 1649.

Si comme le dit Lionnois, le corps était sous l'autel en 1805, il doit y être également aujourd'hui. Pour s'en convaincre, il n'y a qu'à faire ce simple raisonnement. Depuis 1804, les religieuses de saint Charles dirigent la Maison du Refuge ; or parmi les personnes au service dans cette maison ; quelques unes sont là depuis 40 et 50 ans, elles ont donc été en rapport direct avec les religieuses, qui au début, ont travaillé à réorganiser cette Œuvre importante. Ces personnes sont unanimes à affirmer, que depuis 1804, ni le chœur, ni l'autel, n'ont subi de changements ; la chapelle a été agrandie en 1848, non pas en longueur, mais en largeur, comme on peut le voir, par l'aspect qu'elle présente aujourd'hui. Mais si le corps, comme le dit Lionnois, était là en 1805, s'il n'a pas été déplacé ensuite, comme nous venons de l'indiquer, il doit se trouver encore sous l'autel actuel.

vaincus, mieux qu'aujourd'hui encore, qu'elle a été une des âmes les plus parfaites de son temps.

Noms des ouvrages qui nous ont guidé dans ce travail.

1° *Exposition de l'Institut de la congrégation de Notre-Dame du Refuge* faite à Son Altesse Royale par les religieuses du Refuge elles-mêmes, et recueil des lettres-patentes accordées par l'autorité civile et religieuse, par les mêmes. Opuscule imprimé à Nancy, chez Cusson en l'année 1716.

2° *Histoire d'Elisabeth de Ranfaing*, par Nicolas Frizon, Jésuite, ouvrage imprimé à Avignon, chez François Girard, en l'année 1735.

Histoire de Lorraine, Digot.
— Dom Calmet.
— Durival.
Histoire de Nancy, Lionnois.

Nancy, imp. catholique de René Vagner.

www.ingramcontent.com/pod-product-compliance
Ingram Content Group UK Ltd.
Pitfield, Milton Keynes, MK11 3LW, UK
UKHW022140190726
13855UKWH00003B/1252

9 782013 065009